5차원
전면교육

5차원 전면교육

1판 1쇄 발행 2017. 5. 29.
1판 5쇄 발행 2024. 7. 10.

지은이 원동연

발행인 박강휘
편집 임지숙 디자인 조명이
발행처 김영사
등록 1979년 5월 17일(제406-2003-036호)
주소 경기도 파주시 문발로 197(문발동) 우편번호 10881
전화 마케팅부 031)955-3100, 편집부 031)955-3200 | 팩스 031)955-3111

값은 뒤표지에 있습니다.
ISBN 978-89-349-7749-0 04370   ISBN 978-89-349-7754-4 (세트)

홈페이지 www.gimmyoung.com   블로그 blog.naver.com/gybook
인스타그램 instagram.com/gimmyoung   이메일 bestbook@gimmyoung.com

좋은 독자가 좋은 책을 만듭니다.
김영사는 독자 여러분의 의견에 항상 귀 기울이고 있습니다.

인간의 수용성
향상을 위한 입체 학습법

5차원
전면교육

5 Dimensional
EDUCATION

원동연 지음

김영사

3부　미래 인재의 핵심 역량

20년 전 한 권의 책을 내면서 다음과 같이 사람을 길러야 한다고 주장했다. 전인격적 인성인 지력·심력·체력·자기관리 능력·인간관계 능력의 다섯 가지 요소를 전면적으로 갖출 수 있는 5차원 전면교육을 실시해야 하며, 이런 교육을 받은 사람이 인생에서 승리할 힘을 지닐 수 있다고 말했다. 우리는 이런 사람을 다이아몬드칼라라고 불렀다.

어느덧 20년의 시간이 흘렀다. 그간 우리는 1만 5,000명 이상의 교사, 부모, 전문가가 함께 이 주장이 가능한가에 대해 실험해왔다. 그리고 그 결실이 한국을 비롯해 중국, 몽골, 러시아, 미국 등에서 나타나기 시작했다. 1996년 중국 연변과학기술대학교에서 5차원 전면교육을 실시한 후, 옌지시 2중에서 하위권 학생들이 본 교육을 통해 최상위권으로 올라가기도 했다. 1997년 몽골 밝은미래종합학교에서는 길거리에 버려진 아이들에게 본 교육을 적용해 일반 학교 학생들보다 더 좋은 결과를 얻기도 했고, 2001년 몽골의 나차긴 바가반디 대통령과 필자의 면담을 통해 2002년 몽골국제대학교를 설립하고 중앙아시아에서 본 교육을 할 수 있는 근거를 확보했다. 2006년 라오스국립대학교에서 5차원 전면교육을 적용했으며, 2012년 탄자니아연합대학교를 설립하는 등 12개국 이상에서 본 교육을 실시해왔다. 한국에서는 세인고등학교에서 최초로 본 교육을 적용한 이후 벧국제학교 설립, 동두천중·고등학교의 전면교육 실시, 그리고 미래 인재를 개발하기 위해 설립한 디아글로벌학교를 통해 귀한 열매들을 수확해왔다. 그리고 2017년에는 KAIST 미래전략대학원에서 5차원 전면교육이 수용성 교육이라는 이름으로 국가 미래 교육의 모델로 제시되기도 했다.

이러한 지금까지의 열매를 바탕으로 책을 개정해 출간하기로 결정하고, 우선 다섯 권부터 개정을 시작했다. 첫째, 전인격적 인성 교육을 바탕으로 수용성을 길러줄 핵심 역량이 담긴 《5차원 전면교육 학습법》을 《5차원 전면교육》이라는 이름으로 재개정했다. 둘째, 창조적 지성을 길러줄 핵심 역량을 배울 수 있는 《5차원 독서법과 학문의 9단계》를 수정·보완했으며 셋째, 언어 수용성을 확보해 누구나 글로벌 커뮤니케이션 능력을 기를 수 있는 핵심 역량을 제시한 《5차원 영어 학습법》을 《5차원 영어》로 보완 재개정했다. 넷째, 수학을 포기한 사람이 '수학이 언어'라는 중요한 개념을 인식함으로써 누구나 수학을 쉽게 이해할 수 있으며, 융합적 능력을 확보하기 위한 핵심 역량을 배울 수 있는 《5차원 수학》을 이전에 발간한 《대한민국 수학교과서》를 대신해 수정 재개정했다. 다섯째, 바른 세계관을 기를 핵심 역량을 확보할 수 있도록 재설계한 《5차원 독서치료》를 재개정했다.

이 책은 전인격적 인성 교육을 바탕으로 수용성을 길러줄 핵심 역량이 담긴《5차원 전면교육》이다. 수용성을 높이기 위해서는 지성의 틀, 마음의 틀, 몸의 틀, 자기관리의 틀, 인간관계의 틀을 회복해야 하는데, 이 책에는 이에 대한 근본 방안들을 수록했다.

제4차 산업혁명에 따른 로봇과 인공지능 문제가 대두되면서 교육도 새로운 패러다임으로 변해야 한다. 우리도 이에 대한 민감성을 가지고 교육을 바꾸어야 하며, 미래 교육의 방향성은 인공지능과 차별되는 인간 고유의 본성을 키우는 것이 되어야 한다. 이를 위해서는 풍부한 감성, 다중 언어 능력, 커뮤니케이션 능력, 리더십, 창의력, 상상력, 변화에 대처하는 지혜, 긍정적 사고 등을 키우는 데 초점을 맞추어야 한다. 즉, 인공지능을 넘어설 수 있는 창의적 인간 교육이 필수인 것이다. 이런 의미에서 이번에 개정한 책이 과거에 경험하지 못한 변혁기를 살아가는 모든 현대인에게 전면적 인성을 향상시키는 데 도움이 되기를 바란다.

다이아몬드칼라를 꿈꾸며

과거 산업혁명 이후에는 노동력을 통해 생계를 유지하던 노동자와 농민이 주요 세력이었다. 특별히 공장에서 근무하던 작업 노동자들이 주로 청색 재킷을 입고 일했기 때문에 그들을 블루칼라Blue collar라고 불렀다. 20세기 초반 이후에는 지식을 통한 경영과 학문의 힘으로 사회를 리드해가는 새로운 세력이 나타났는데, 이들은 주로 흰색 셔츠를 입고 사무실에서 근무했기에 화이트칼라White collar라고 부르게 되었다.

최근 인간에 대한 한 가지 새로운 접근법이 등장했다. 이른바 감성형 인간이 성공한다는 개념인데, 이를 주장하는 사람들은 마음의 힘이 강한 사람이 성공할 확률이 매우 높다는 것이다. 그래서 사회학자들은 앞으로 21세기를 이끌어갈 리더는 지능지수가 높은 화이트칼라가 아니라, 감성지수가 높은 골드칼라Gold collar가 될 거라고 말한다. 골드칼라는 지적인 힘뿐 아니라 '마음의 힘'이 매우 뛰어난 사람이다.

이러한 역사적 흐름을 가만히 살펴보면 한 가지 재미있는 점을 발견하게 된다. 블루칼라는 '체력', 화이트칼라는 '지력', 골드칼라는 '심력'이 강조된 집단이다. 즉 체력에서 지력, 지력에서 심력으로 인간의 성공을 바라보는 관점이 변하고 있는 것이다.

체력, 지력, 심력은 인간을 구성하는 본질적 세 가지 요소라고 볼 수 있다. 사람의 인격을 구성하는 3대 요소를 '지·정·의'라고 이야기하기도 하고, 교육의 3대 목표를 '지·덕·체'라고 보편적으로 규정하는 것을 보면 알 수 있다. 그런데 인간의 3대 본질적 요소인 지력, 심력, 체력은 따로 분리해 강조해서는 안 되며, 각각의 요소가 최대치까지 발휘될 때 극대의 효율을 얻을 수 있다.

시대 흐름에 따른 사회 주도 세력의 변화

21세기를 주도할 리더는 이 같은 지력, 심력, 체력을 조화롭게 전면적으로 갖춘 사람이 될 것이며, 이들을 다이아몬드칼라Diamond collar라 부르고자 한다. 다이아몬드칼라는 지식과 함께 지혜를 갖추었기 때문에 진리를 추구할 지적 힘을 지닌 사람, 풍부한 정서력과 함께 타인 중심의 생각으로 남에게 봉사할 수 있는 마음의 힘을 지닌 사람, 건강하고 몸을 성결하게 지킴으로써 행동할 수 있는 체력을 지닌 사람, 즉 지력과 심력과 체력이 조화롭게 발달한 성숙한 인간을 의미한다.

다이아몬드칼라를 더욱 구체적으로 묘사하려면 지력, 심력, 체력, 여기에 두 요소를 추가해야 한다. 즉 자기관리 능력과 인간관계 능력이다. 이 두 요소는 위의 세 가지 본질, 즉 지력, 심력, 체력이 계발되었을 때 비로소 삶의 현장에서 나타나는 특성이 있기 때문에 적용 요소라고 표현한다.

다원화되고 무한 경쟁으로 치닫고 있는 21세기에서는 이러한 다섯 가지 요소가 전면적으로 잘 계발된 다이아몬드칼라가 시대를 주도해 나갈 리더가 될 것이다.

다이아몬드칼라의 인간상

자신의 재능을 최대한 발휘해 주어진 일들을 올바르게 처리하는 다이아몬드칼라의 실력자들이 자신만을 위해 살아가는 것이 아니라, 그 힘을 활용해 리더십을 지니고 이웃을 위해 봉사하고, 사회를 더욱 아름답게 만드는 데 기여하며, 21세기 역사를 이끌어가는 주역이 될 때 개인과 사회가 행복할 수 있다.

그런데 우리의 상황은 지식과 성적 위주의 교육으로 치닫고 있어 이런 전면교육을 할 수 있는 현실이 아니라고 한다. 맞는 말이다. 현실이 그렇다. 하지만 어떤 사회를 변화시키고 그 사회를 주도해가는 이들은 그러한 현실을 뛰어넘는 사람들이다. 그렇기 때문에 우리 자신이 먼저 전면적인 실력을 지닌 사람이 되어야 하며, 이런 사람을 길러야 한다.

'사람을 기르는 일'은 교육을 통해 이루어진다. 현재 교육의 모습이 어떠한가에 따라 미래 사회를 주도해나갈 지도자의 모습을 예측할 수 있다. 그래서 이 책을 통해서는 우리 교육의 현실을 짚어보고, 교육 현장에서 어떻게 미래를 내다보며 실력 있는 전면적 리더를 양성할 수 있는지에 많은 지면을 할애했다.

리더를 양성하는 다양한 방법은 학생의 학습 문제뿐 아니라 직장인의 업무 처리 능력을 높이는 데, 전문인의 전문 영역을 바르고 깊게 천착하는 데, 또 지도자는 지도력을 향상시키는 데 적용할 수 있다. 이 책은 궁극적으로 '인간' 문제를 다루고 있기 때문에 어떤 영역의, 어떤 위치에 있는 사람이라 할지라도 자신의 능력을 최대한 계발하는 데 도움이 될 것이다.

1부

—

새로운
공부 길을
찾아서

1

우리 교육의 문제

1 교육의 현실

어떤 사람이 되는가는 '교육'을 통해 이루어진다. 현재 우리 모습은 과거의 교육과 무관하지 않고, 오늘의 교육이 어떠한가에 따라 미래의 모습이 그려진다. 광복 후 교육의 주권을 찾은 이래 70년 동안 우리 교육은 인간을 만들기 위한 전인교육은 뒷전에 둔 채 학생들의 성적을 높이는 데만 최고 가치를 두었다. 그 결과 박사도 교수도 많이 나왔지만, 학문의 대가 大家를 만들어내지는 못했다. 노벨상 하나 타지 못한 것이다.

이러한 현실을 볼 때 우리 교육의 대표적 약점 두 가지를 들 수 있다. 첫째는 학교 성적과 실력에 큰 차이가 있다는 것이다. 학교에서 영어 성적은 높은데 실제로 영어를 잘 사용하지 못한다. 대학을 나왔어도 외국인과 자유롭게 의사소통을 할 수 있는 사람은 그리 많지 않다. 학교에서 역사 성적은 높은데 실제로 역사의식은 없다. 역사를 보는 눈, 시대를 보는 눈을 갖추고 자기 삶을 주도적으로 이끌어가는 사람을 만나기가 쉽지 않은 이유다.

또 우리 사회의 윤리성은 어떠한가? 학교에서 윤리 성적은 높은데 실제 삶 속에서는 윤리성이 결여되어 있다. 체육 성적은 높으나 건강하지 않으며, 과학 성적은 높은데 과학적 사고방식을 갖추지 못했다. 이런 예는 아주 많다. 학교 성적과 진정한 실력에는 상당한 차이가 있는 것이 우리의 교육 현실이다.

우리 교육의 또 하나 약점은 성적이 중·하위권에 있는 사람은 실력을 제대로 쌓을 기회조차 갖지 못한다는 점이다. 성적 위주로 가다 보니 학교에서는 상위권에 속하는 몇몇 학생 중심으로 수업이 이루어지며, 성적이 나쁘면 그것으로 그치는 것이 아니라 사람 대접을 받기 어려운 지경에 이르고, 따라서 실력을 쌓을 수 있는 기회를 갖지 못하며, 결국은 이런 악순환 속에서 공부 못하는 것이 불행한 삶으로까지 이어진다. 이런 교육의 약점은 교육 문제로만 끝나지 않고 한 인간의 삶을 불행으로 이끌고, 나아가 우리 사회와 국가의 힘까지 약화시키는 결과를 낳고 있다.

교육은 '어떤 사람이 되느냐'에 관심을 갖는 것이다. 그런데 현재 우리 교육은 '사람이 되는 것'에 관심이 있는 것이 아니라 '어떤 성적을 갖추느냐'에만 관심이 있는 것처럼 보인다. 이처럼 성적에 많은 관심을 갖는 이유는 학교 성적이 높아야 행복할 수 있다는 단순한 생각에서 비롯한다. 일반적으로 우리는 행복을 얻기 위해 좋은 학교, 좋은 직장, 좋은 자리를 원한다. 그래서 성적이 높으면 좋은 학교에 갈 수 있고, 좋은 직장을 얻을 수 있으며, 세상에서 성공적으로 살면서 행복할 수 있다고 여기는 것이다.

그러나 실제로 좋은 자리에 있는 것이 행복을 보장해주지는 않는다. 아무리 좋은 자리에 있다 할지라도 그곳에 계속 머무는 경우는 거의 없기 때문이다. 어떤 사람이라도 인생 여정에는 굴곡이 있게 마련이다. 좋은 자리에 있는 때가 있으면 그 자리에서 물러나와 더 낮은 곳, 더 힘든 곳에 머물 때도 반드시 있다. 그래서 우리가 좋은 자리에 머무는 것만을 행복이라고 정의한다면 누구도 계속해서 행복할 수 없다.

또한 상위 그룹에 속하는 것을 행복의 척도로 본다면 여기에는 산술적으로 큰 문제가 있다. 100명의 학생이 있다. 그중 석차가 10등 안에 들어가면 성적이 상위권에 속한다. 학생들 모두 이 상위권에 들어가기를 바라며, 노력하면 상위권이 되리라는 기대를 가지고 공부를 한다. 하지만 100명 중 10등 안에 들어갈 확률은 얼마인가? 10%이다. 아무리 잠 안 자고 열심히 노력해도 상위권에 들어갈 수 있는 확률은 10%밖에 없고, 아무리 열심히 해도 나머지 대다수는 90%에 들어갈 수밖에 없는 것이다. 따라서 아무리 열심히 노력해도 행복할 수 있는 확률은 10%밖에 안 되고, 실제로 90%는 불행할 수밖에 없다는 얘기가 된다.

그리고 현재 상위권에 있다고 꼭 행복해진다는 보장도 없다. 저자가 10여 년 이상 살아온 대덕연구단지는 한국에서 성적이 꽤나 높다는 사람들이 모인 집단이다. 그럼 이곳을 행복 단지라고 할 수 있을까? 전혀 그렇지 않다. 이 가운데에서도 치열한 경쟁이 있으며, 이 경쟁에서 이긴 사람은 행복할지 모르나, 경쟁에서 뒤지고 도태된 사람은 더 큰 불행을 느낀다.

어느 집단이든 이 10%와 90%의 문제가 있다. 이런 현실 속에서 90% 사람들의 문제를 간과한다면 우리는 아이러니컬하게도 대부분의 인간을 소외시킨 상태에서 교육을 말하는 함정에 빠지는 것이다. 이런 상태에서는 교육 문제를 해결하는 데 실마리를 찾지 못할뿐더러 인간 본연의 문제도 해결할 수 없다.

❷ 행복한 자신을 찾는 방법

그렇다면 진정 우리가 행복을 얻을 수 있는 방법은 있는가? 단연코 있다. 바로 어떠한 어려움에 처해도 그 어려움을 딛고 일어설 힘을 갖는 것이다. 아무리 낮은 곳에 처해도, 아무리 어려운 일을 당해도 다시 올라설 힘이 있다면 그 사람은 어느 곳에 있든지 행복하다. 우리는 살아가면서 여러 가지 어려움을 겪게 마련이다. 어려움은 대부분 양면성을 지니고 있다. 어려움으로 좌절과 실패를 경험할 수도 있고, 또 다른 도약을 위한 밑거름이 될 수도 있다.

베토벤은 귀머거리가 되어 말할 수 없는 고통과 슬픔에 잠겨 있으면서도 위대한 교향곡들을 완성했으며, 모차르트도 불치병으로 고통받을 때 유명한 오페라를 작곡했다. 헨리 포드가 만든 첫 자동차는 후진 기어가 장착되어 있지 않았다. 그러나 그는 초기의 실패를 거울삼아 결함 없는 자동차를 만들기 위해 끊임없이 노력했다. 그 결과 '자동차의 왕'이라는 영광스러운 칭호를 얻었다.

1950년대 일본에 '이너 타일'이라는 회사가 있었다. 그 당시 경제는 제2차 세계대전의 패망으로 매우 어려운 시기였다. 이 회사에서 어느 날 갑자기 뒤틀리고 일그러진 불량품 타일이 나오기 시작했다. 그 원인을 찾아보니 타일을 굽는 큰 가마의 온도가 고르지 않았던 것이다. 그래서 가마를 바꾸는 비용을 계산해보니 50만 달러이 큰돈이 필요했는데, 이는 회사에서 감당하기 힘든 금액이었다. 그래서 다른 방법을 연구하며 찾아보기로 했다. 여러 차례 실험 과정을 거쳐 드디어 타일이 뒤틀리는 현상을 막는 방법을 알아냈다. 타일은 점토와 석회석을 섞어 만드는데, 여기에 들어가는 석회석 분량을 처음 1%에서 5%로 늘렸다. 그랬더니 온도가 불균형한 가마에 넣고 구워도 뒤틀리지 않는 품질 좋은 타일이 나왔다.

이와 똑같은 문제가 미국에서도 일어났다. 미국에서는 가마 자체를 개조해 좋은 제품을 만들어냈다. 미국 제품과 이너 타일 제품은 처음에는 똑같은 품질인 것처럼 팔렸는데, 한참 지나자 미국 제품보다 일본 제품이 더 잘 팔리게 되었다. 이유가 무엇일까? 일본 제품은 가마를 다시 만드는 데 많은 돈을 투자하지 않았기 때문에 일단 가격에서 경쟁력이 있었고, 가마 안의 온도가 고르지 않은 상태에서 안정적으로 구워진 것이기에 실제 타일을 시공했을 때도 온도에 영향을 받지 않고 좋은 품질을 유지한 것이다. 반면 미국 제품은 온도가 아주 고른 가마에서 구운 것이라 시공했을 때 온도 변화가 심하고 환경이 좋지 않으면 불량품이 될 가능성이 높았다.

이런 현상은 우리 삶에도 그대로 적용할 수 있다. 지금 우리 교육을 바라보면서 많은 사람이 안타까워하고 있다. 실제로 우리 교육은 앞서 살펴본 것처럼 문제점을 안고 있다. 이런 문제점을 해결하기 위해서는 아주 이상적인 '교육개혁'이 이루어져야 한다. 그러나 이는 그리 쉬운 작업이 아니다. 설령 천신만고 끝에 이상적인 교육개혁이 가능하다고 해도 이를 위해서는 엄청난 시간과 재정, 인력이 필요하다. 그래서 교육개혁이 성공을 거둔다 할지라도 현재의 우리 자신과 우리 아이들은 그 혜택을 받지 못한다. 상황이 이렇다 보니 교육개혁보다 더 시급한 해결책이 필요하다.

이너 타일의 경우를 생각해보자. 만약 시스템에 문제가 있고 이것을 바꾸는 데 어려움이 많을 경우, 시스템을 바꾸는 것 외의 방법으로 좋은 제품을 만들 수 있다면 아주 효과적인 해결책이 될 수 있다. 즉 우리의 어려운 교육 현실 가운데에서도 좋은 교육 방법이 나와서 이런 문제들을 극복해낸다면 선진국의 교육 시스템에서 양성해내는 사람들보다 훨씬 더 강한 힘을 지닌 실력자, 진정한 지도력을 갖춘 사람을 길러낼 수 있다는 것이다.

문제는 '이 어려움을 극복할 수 있는 방법이 있는가?'이다. 이 책에서는 이에 대한 구체적 방법을 제시한다. 교육 시스템을 바꾸지 않아도 교육에 대한 시각을 조금만 바꿀 수 있다면, 실천 가능한 원리와 방법을 소개하고자 한다.

우리가 먼저 바꾸어야 할 것은 '좋은 집단'에 들어가면 행복할 것이라는 편견이다. 좋은 학교, 좋은 직장에 들어간다고 결코 행복이 보장되지는 않는다. 비록 좋은 조건에 있지 못하더라도 이를 극복하고 행복하게 살 수 있는 사람으로 키워야 한다. 다시 말하면 어떤 위치에 있더라도 긍정적 사고를 하고 어려움을 딛고 일어설 힘을 길러야 한다. 이렇게 단련받은 사람은 더 힘들고 열악한 환경에서도 능히 이겨낼 힘을 갖게 될 것이다.

이제는 상급 학교에 진학하기 위한 성적 중심의 교육에서 우리 아이들이 어떤 위치에 있든 어려움을 극복할 수 있는 힘을 갖도록 지도해야 한다. 이것이 교육 목표가 되어야 하고, 우리 자신이 이런 사람으로 거듭나야 한다. 우리 각자의 능력은 서로 다르지만 모두가 자기 영역에서 실력을 발휘할 수 있을 때 어느 곳에 있든지 스스로 자존감을 갖고, 다른 사람에게 인정받아 행복한 삶을 살 수 있다. 이 말은 우리 집단의 몇몇은 실력 있는 사람이고 몇몇은 그렇지 못한 사람이 아니라, 모두가 실력 있는 사람이 될 수 있다는 사실을 전제한다.

대니얼 코일Daniel Coyle에 따르면 사람이 실수를 포기하지 않고 교정을 반복할 때 신경체계 내에 미엘린myelin이라는 절연층의 두께가 증가해 학습 속도가 비약적으로 상승한다고 한다. 인간은 불리함을 극복함으로써 매우 큰 힘을 얻을 수 있는 것이다.

인생에서 승리하는 가장 큰 원동력은 좋은 것을 많이 갖는 데 있는 것이 아니고, 현재 내가 처한 어려움을 극복하는 데 있다. 인간은 어려움과 불리함을 극복함으로써 탁월성을 발휘할 힘을 갖게 된다. 어려움을 극복할 수 있는 열정과 인내를 가진 사람은 어떤 상황에서도 희망을 버리지 않으며, 내재된 목표에 따라 그것을 이루고자 하는 자신감과 평안함을 갖는 자세를 취한다. 우리에게 주어진 모든 환경이 삶의 열매를 맺는 밭이 될 수 있으며, 어떤 조건도 성숙함을 이룰 터가 될 수 있다.

2

해결책

① 어려움을 이기는 힘

첫째, 자신의 '능력을 최대로 키워본 사람'만이 어려움을 이길 힘이 있다. 자기 능력을 최대한 발휘해본 사람은 자기 자신에 대한 자존감이 높다. 이 자존감은 우월감이나 자만심과는 다른, 스스로의 존재에 대한 자긍심이다. 또 자기 능력을 향상시켜본 경험을 통해 현실에서 주어진 어려운 조건이나 환경을 이겨낼 수 있는 자신감이다.

우리 사회에는 간혹 다른 사람의 시선을 의식한 체면치레 때문에 자신이 진정 원하는 삶을 살지 못하는 경우가 있다. 그러나 자신의 능력을 발휘해본 사람은 다른 사람의 시선이나 평가에 크게 의존하지 않는다. 자기 삶을 가치 있게 생각하고 사랑하는 사람은 다른 사람이 어떻게 생각하든, 심지어 비난할지라도 오히려 기쁘고 소신 있게 그 일을 할 수 있다.

둘째, 남을 도와줄 수 있는 '지도력'이 있어야 한다. 많은 사람이 지도력이란 남을 잘 다루는 힘이라고 생각하지만, 여기서 말하는 지도력이란 다른 사람을 끌고 나가는 것이 아니라 다른 사람의 능력을 최대한 키워줄 수 있는 능력을 말한다. 지도자는 가정에서, 직장에서, 사회에서 구성원의 능력을 극대화해 사람들에게 행복을 줄 수 있는 능력을 갖춰야 한다. 자신의 능력을 최대한 발휘해본 경험을 통해 그 힘으로 다른 사람의 능력을 최대한 키워줄 수 있는 사람은 어떤 위치에 있든 자존감과 자기 가치를 느끼고 행복할 수 있다.

셋째, '세계를 품은 인간'이 되어야 한다. 이 말은 우리의 관심이 나와 가정, 직장, 사회, 우리나라에만 머무르지 않고 세계를 향해 확대되어야 한다는 것이다. 지금은 전 세계가 직접적 삶의 무대가 되는 국제화 시대로, 우리의 활동 무대나 영향력도 그만큼 커지게 마련이다. 그렇다고 우리 모두가 해외로 나가자는 말은 아니다. 설령 우리가 해외에서 일하고 있다 할지라도 세계로 향한 눈이 없으면 그 사람의 생각과 생활의 폭은 그 정도밖에 되지 않는다. 진정 소중한 것은 우리가 작은 시골 마을에서 일하고 있다 할지라도 세계를 바라보며, 세계를 품고 일하는 폭넓은 마음이다.

② 왜 자신의 능력을 최대로 발휘하지 못할까

공부를 잘 가르쳐준다고 해서 모두가 잘할 수 있는 것은 아니다. 아무리 좋은 것을 주어도 받을 수 있는 수용성을 지녔을 때만 이것이 가능하다. 그러므로 가르침teaching과 배움learning 사이에는 간격이 있고, 이를 극복하기 위해서는 왜 그들이 받아들일 수 없는지 원인을 파악하고 이를 해결할 능력을 심어주어야만 한다. 즉, 받아들일 수 있는 능력인 수용성receptive ability을 바꿔줘야만 교육의 열매fruit를 맺을 수 있다.

$$F(열매) = T(가르침) \times L(배움) \times Ra(수용성)$$

밭에 좋은 씨앗을 뿌리면 좋은 열매를 맺는 것이 당연하다. 농부가 어떤 밭에 좋은 씨를 뿌렸는데 좋은 열매를 맺지 못했다면 돌도 많고 잡초가 무성한 좋지 못한 밭이었기 때문이다. 이런 상황에서는 아무리 좋은 씨앗을 뿌려도 좋은 열매를 맺을 수 없다. 우선 밭을 잘 개간해 좋은 밭으로 일군 후에 씨를 뿌려야만 한다.

인간의 교육도 마찬가지이다. 인간이 변화하기 위해서는 가르침을 통해 좋은 씨를 뿌리는 것도 중요하지만, 씨앗이 좋은 열매를 맺도록 가르친 것을 가로막는 장애물들을 제거해 배움의 밭을 가꾸는 교육을 해야만 한다.

그간 교육 현장을 통해 가르침을 가로막는 다섯 가지 근본 요인이 마음heart, 지혜understanding, 몸의 힘strength, 자신을 관리하는 힘self-management, 그리고 인간관계relationships임을 알았다. 이 다섯 가지 요소를 모두 동원해 전면적으로, 전인적인 힘으로 자신을 변화할 수 있는 사람이 이 시대를 변화시킬 수 있다.

우리는 보통 학교에서 10시간 수업을 하면 10시간 공부하고 왔다고 한다. 하지만 학생들의 학습 효율을 살펴보면 어떤 학생은 10시간 중 8~9시간, 어떤 학생은 5~6시간, 어떤 학생은 2~3시간만 공부를 한다.

왜 같은 시간이 주어졌는데 공부량에 차이가 있을까?

그 이유는 첫째, 지성의 틀 때문이다. 인간은 각자가 지닌 가치관과 세계관에 따라 전달되는 지식이 제약을 받는다. 아들이 군대에 가면 길에 군인이 그렇게 많아 보이다가, 아이가 제대를 한 후에는 군인이 별로 눈에 띄지 않는다. 학교에서 수업을 들을 때 어떤 학생은 시험에 나오는 중요한 것이 귀에 들리는데, 어떤 학생은 중요하지 않은 것이나 선생님의 농담만 들린다. 이러한 예에서 보듯이, 각자의 세계관이나 가치관에 따라 왜곡된 지성의 틀을 회복하지 않는 한 인간은 전달되는 지식을 바르게 수용할 수 없으며, 이에 따라 창조적 지성을 제대로 발휘할 수도 없다.

둘째, 인간 내면에 존재하는 마음의 틀 때문이다. 어떤 일에 부딪혔을 때 미리 마음으로 포기하고 부정적으로 생각하기 시작하면 그 일을 올바르게 바라보는 것이 어려워진다. 이미 마음으로 포기한 학생은 공부를 잘하기 어렵다. 학교에서 공부 시간에 잠을 자는 많은 학생을 살펴보면 꼭 몸이 피곤하기 때문만은 아니다. 졸던 학생들 대부분이 쉬는 시간 종이 울리면 눈을 번쩍 뜨고 잘 놀다가, 10분이 지나 수업을 시작하면 다시 졸기 시작한다. 이미 마음으로 포기하고 있으면 몸도 함께 손상을 입은 상태가 되어 수용성이 더 무뎌진다. 이런 사람은 지식을 받아들인다 하더라도 내면화할 능력이 없어서 그것이 바른 가치관이나 세계관을 구축하는 것으로 연결되지 않는다.

셋째, 몸의 틀 때문이다. 사람들을 유심히 살펴보면 자세가 바르지 못한 사람이 생각보다 많다. 이런 사람은 두 개의 저울에 각각 한 발씩 올려놓게 하여 몸무게를 측정하면 좌우가 다르게 나오며, 뇌파를 검사해보면 좌우 뇌파의 균형이 깨져 있다. 결국 뒤틀린 몸이 뇌파에 영향을 미치고, 지적 능력에도 악영향을 미친다. 최근 어느 신문 기사에 따르면 한국인의 58%가 운동을 전혀 안 하고, 고3의 70%가 요통을 경험한다고 한다. 이것은 우리가 지금 생활을 하면서, 공부를 하면서 몸을 망치고 있다는 것이다. 요즘 아이들은 자세가 나빠 몸이 노화된 것처럼 굳어지고, 스트레스로 인해 여러 가지 내장 기능이 악화되어 변비, 축농증, 노이로제 등에 시달리고 있다. 이런 건강 상태이기 때문에 많은 시간을 공부한다고 앉아 있어도 효율이 떨어진다.

넷째, 자기관리 능력의 틀 때문이다. 아무리 많은 계획을 세우고 목표를 설정한다고 해도 자신을 통제하지 못해 실행에 옮기지 못하는 사람이 많다. 이는 현실성 없는 계획을 세웠기 때문일 수도 있겠지만, 대부분 자신이 지닌 시간, 물질, 적성 등의 에너지를 바르게 분포할 수 있는 자기 통제력이 없기 때문이다. 이러한 자기 통제력의 결여는 결국 수용성을 크게 떨어뜨린다.

다섯째, 인간관계의 틀도 수용성을 저하하는 요인이다. 인간은 좀 부족한 견해일지라도 자기가 신뢰하고 사랑하는 사람이 하는 충고는 받아들여 자신을 변화시킬 수 있다. 하지만 자신이 미워하고 신뢰하지 않는 사람이라면 그가 아무리 훌륭한 이야기를 한다 해도 받아들이지 않는다. 살아가면서 어쩔 수 없이 생기는 사람들 사이의 갈등, 불신, 그리고 미움을 어떻게 해결하느냐가 한 사람의 수용성을 좌우한다. 그러므로 건강한 수용성을 지니기 위해서는 나를 넘어서는 공동체 의식을 갖고 타인을 수용할 수 있는 인간관계 능력이 절대적으로 필요하다.

이 다섯 가지는 인성의 전면적 요소를 나타낸다. 즉, 인간의 수용성은 인간의 전인격성과 연관 있음을 보여준다. 따라서 전인격성의 회복은 수용성을 증대시켜 결국 인간의 내적 탁월성을 만드는 핵심 요인이 된다. 따라서 지력 · 심력 · 체력 · 자기관리 능력 · 인간관계 능력의 다섯 가지 인성의 회복은 인간의 수용성을 회복시킨다.

③ 수용성을 회복해주는 5차원 전면교육

교육제도의 문제점이나 교육 환경 등의 문제를 해결하는 것도 중요하다. 하지만 본질적으로 우리는 우리 세대와 다음 세대 가운데 존재하는 지력 · 심력 · 체력 · 자기관리 능력 · 인간관계 능력 등에 있는 문제점을 해결할 수 있는 방법을 알아야만 한다. 5차원 전면교육은 이 같은 다섯 가지 문제를 해결할 수 있는 방법을 제시해 인간의 밭을 기경起耕하여 진정 실력 있는 사람을 양성할 수 있도록 한다.

우리의 교육이 지적인 면에만 치중하지 말고 인간의 다섯 가지 요소를 전반적으로 키워 진리 안에서 개개인의 달란트talent를 최대한으로 계발하고 발휘할 수 있도록 도와주어 그것을 가지고 이웃을 사랑하고 봉사할 수 있도록 해야 한다.

그런데 어떤 원론적 내용이 정립되었다 할지라도 그것을 활용하기 위해서는 실천할 수 있는 구체적 방법이 있어야 한다. 앞에서 언급한 원리들이 아무리 좋고, 충분히 공감한다 해도 그 원리를 이룰 수 있는 커리큘럼(교과과정)이 있지 않으면 그것은 공허한 외침밖에 되지 않는다. 예를 들면 학교에서 급훈이나 교훈 같은 것들로 정직, 성실, 사랑 등 추상적 개념을 만들어놓는다 하더라도 큰 소용이 없다. 정직이라는 교훈이 있으면 학생들의 교과 프로그램 중 정직하게 살 수 있는 요소가 들어 있어야만 한다. 그렇지 않고 그냥 "정직하게 살아라" 한다고 해서 아이들이 정직하게 되는 것은 아니다.

일반적으로 '교육'을 가르치는 것이라고 오해하는 사람들이 있다. 가르치는 것은 교육의 한 단계는 될 수 있지만 그 자체가 교육의 전부는 아니다. 교육의 과정은 3단계로 볼 수 있다. 처음은 어떤 원리를 발견하는 단계이다. '이렇게 방법론을 전환하면 가능성이 있겠구나' 하는 식으로 원리를 발견하고 이를 선포하는 과정이다. 마지막 단계는 깨우친 원리대로 변화하는 것이다. 이 변화의 단계가 교육의 완성 단계라고 볼 수 있다. 그러면 완성 단계로 가는 중간 과정은 무엇인가? 이것이 바로 원리를 실천할 수 있는 커리큘럼이다. 이런 구체적 커리큘럼을 통해 우리는 좋은 원리를 몸으로 습득하고 자연스럽게 변화할 수 있다.

예를 들면 '우리 아이가 공부를 못하는 이유는 머리가 나빠서가 아니라 마음의 힘이 약해서구나'라는 사실을 깨닫고, 아이에게 당장 "너 이제부터 마음을 강하게 해야 해"라고 말만 한다고 해서 실제 어떤 변화가 오지 않는다. 마음을 강하게 만들 구체적 실행 프로그램이 필요하다. 마찬가지로 전인적 훈련이 아무리 중요하다 외쳐도 이를 실천할 프로그램이 없으면 아무 소용이 없으며, '바른 원리'를 '삶의 변화'로 이끌어줄 중간 단계의 커리큘럼이 반드시 있어야 한다.

그래서 5차원 전면교육 프로그램에서는 실천 가능한 25가지 커리큘럼을 개발했다. 이 프로그램을 통해 지력·심력·체력·자기관리 능력·인간관계 능력 등을 전인적으로 갖춘 인간상을 만들고자 했다. 기업에서도 개인이나 조직이 최대의 능력을 발휘하기 위해서는 열심히 하는

전인격적 인성 교육을 위한 25가지 커리큘럼

지력	심력	체력	자기관리 능력	인간관계 능력
정보처리 능력	삶의 목표 의식 확립	5차원 건강관리법	자유에너지 확장	인간 특질 발견
디종 인여 능력	반등력 기르기	최대출력법	시간 관리	나와 가족
자연 세계의 이해 능력	풍부한 정서력 기르기	노동과 쉼	재정 관리	나와 동료
역사의 이해 능력	긍정적 사고방식	직업관	언어와 태도 관리	나와 사회
창조적 지성	바른 세계관의 확립	전면적 인성의 확립	융합적 능력	글로벌 인간상

것에 앞서서 바르고 효과 높은 방법을 아는 것이 우선이며, 이후 이 같은 방법으로 최선을 다하는 것이 능력을 최대로 발휘하는 비결이다.

이 25가지 커리큘럼은 국내뿐 아니라 중국, 러시아, 몽골, 미국, 중앙아시아 등 12개국 이상에서 지속적으로 실시되었으며 많은 열매를 맺어왔다. 한국에서는 지금까지 1만 5,000여 명 이상의 교사와 부모가 훈련받았고 동두천중·고등학교, 디아글로벌학교 등에 적용해 탁월한 결과를 보여주었다. 2017년에는 KAIST 미래전략대학원에서 5차원 전면교육을 수용성 교육이라는 이름으로 국가 미래 교육 모델로 제시했다.

결국 전인격적 인성 교육이 한 인간의 진정한 실력을 길러줄 수 있는 것이며, 실력 있는 사람이 되는 방법은 다면적이며 전면적인 것이다. 심력이 약한 사람의 심력을 키워주면 공부를 잘할 수 있으며, 체력이 약한 사람에게는 체력을, 자기관리 능력이 없는 사람에게는 자기관리 능력을 키워주면 공부를 잘할 수 있다. 공부 방법이 나쁜 사람에게는 좋은 공부법을, 인간관계가 좋지 않은 사람에는 좋은 인간관계를 맺을 수 있도록 도와주면 공부를 잘할 수 있다. 즉 심력·지력·체력·자기관리 능력·인간관계 능력 등 인간의 근본적 다섯 가지 요소를 전인적이고 전면적으로 키울 때 능력을 최대로 발휘할 수 있는 것이다. 인간은 본질적 다섯 가지 속성을 회복할 때 변화가 가능하다. 지금까지 교육을 통해 변화가 이루어지지 못한 이유는 본질을 다루지 못했기 때문이다.

④ 진정한 실력의 본질은 전인격적 인성에서 온다

성적을 올리는 방법은 여러 가지가 있다. 그중 하나는 공부에만 집중해 성적을 올리는 것이다. 하지만 이런 방법은 밭이 준비된 소수에게만 큰 효과를 낸다. 또 한 가지 방법은 사람을 바꾸어 공부를 잘하게 만드는 것이다. 같은 90점이라도 공부만 해서 얻은 것과 사람이 바뀌어 얻은 것은 다르다. 사람을 바꾸어서 공부를 잘하는 것이 이상적이지만, 많은 사람이 현실성 없다고 한다. 하지만 지금까지의 교육 결과를 보면 사람을 바꾸어서 실력 있는 사람을 만드는 것이 더 많은 사람에게 혜택을 줄 수 있는 현실적 교육이다.

이렇게 사람을 바꾸어서 자신의 능력을 남과 나누고, 남을 섬기는 품위 있는 인재를 길러내는 것이 우리 사회가 사는 방법이다. 성적이 뛰어난 사람은 길러냈는데, 이들이 자신만을 위하는 비인간적 입장을 취한다면 이들을 통한 해악은 더욱 클 것이기 때문이다.

5차원 전면교육은 인간의 변화를 통해, 즉 나만 위하는 게 아니라 남을 섬기고 도울 수 있는 인간 교육을 통해 진정 실력 있는 사람을 길러 내는 교육으로 의미를 갖는다. 승리하는 사람의 특징을 보면 자신이 가진 것으로 남을 섬긴다. 남을 섬기기 위해서는 사랑 가운데 진리를 말할 수 있어야 한다. 옳은 이야기도 남을 해치는 것이라면 절제해야만 한다. 이런 사람은 진리를 파악하는 지적 능력과 아울러 겸손한 마음과 남에게 온유하게 행동하는 사람이다.

그러므로 성공적 삶을 살기 위해서는 참과 거짓을 구별하는 지력, 진리를 내면화해 겸손함을 지니게 하는 심력, 성결하면서도 온유함을 실행하는 체력, 자신이 가진 에너지의 귀중함을 이해하고 바르게 쓰는 자기관리 능력, 그리고 남을 중요하게 여기고 섬기는 타인 중심의 인간관계 능력을 갖추도록 훈련받아야 한다.

이를 위해 창의적 지성을 키울 수 있는 독서 훈련, 진리로 상황을 바르게 해석할 수 있는 묵상 훈련, 실행력을 길러줄 수 있는 몸 관리 훈련, 자신이 가진 것을 어떻게 사용했는가를 성찰할 수 있는 일기 쓰기 훈련, 그리고 타인 중심의 인간관계를 정립하도록 도와줄 수 있는 편지 쓰기 훈련 등이 이루어져야 한다. 이를 통해 '이웃의 필요를 채워주기 위해 자신이 가진 것을 활용해 친절한 태도와 겸손한 마음을 가지고 사랑 가운데에 진리를 말할 수 있는' 승리하는 인간상을 양성할 수 있다.

5 5차원 전면교육의 의미

여러 개의 나뭇조각으로 이루어진 물통에서 나뭇조각 하나라도 일부분이 부러지면 아무리 많은 물을 부어도 부러진 나뭇조각까지만 채울 수 있다. 다시 말하면 물은 물통을 이루는 나뭇조각의 최소 높이까지만 채워지는 것이다. 이를 최소량의 법칙이라고 한다.

인간의 교육에서도 이 같은 원리를 적용할 수 있다. 인간도 지력·심력·체력·자기관리 능력·인간관계 능력 등 다양한 요소로 구성되어 있는데, 그중 어느 한 가지가 약하면 그 하나만 약한 것으로 끝나는 것이 아니라 다른 것도 영향을 받아서 인간 전체의 능력을 약화시키는 것이다. 그러므로 어떤 사람의 능력을 최대로 발휘하게 하려면 그 사람의 한 부분만 발전시키는 것이 아니라, 인간의 구성 요소들을 전면적으로 발전시킬 수 있는 전인격적 인성 교육이 필수이다.

즉 5차원 전면교육의 본질적 내용을 이해하기 위해서는 본 교육의 유기체적 특성을 인식해야만 한다. 지력·심력·체력·자기관리 능력·인간관계 능력은 서로 나뉘어 있는 것이 아니라 하나의 전인격체의 구분적 용어일 뿐이다. 인간관계가 깨진 사람을 회복시키기 위해서 인간관계를 훈련한다고 인간관계가 쉽게 회복되는 것은 아니다. 인간관계가 망가진 이유가 매우 다양한 요인에서 올 수 있기 때문이다. 어떤 사람은 몸에 어려움이 있어서, 어떤 사람은 지력이 약해서 남의 이야기를 바르게 이해하지 못하기 때문에, 어떤 사람은 마음이 깨져서 무슨 말이든 부정적으로 받아들여 인간관계가 깨진 것이다. 그러므로 지력·심력·체력·자기관리 능력·인간관계 능력의 다섯 가지 전인격적 인성이 부분적이 아니라 전면적으로 훈련될 때 진정으로 실력 있는 사람이 길러지는 것이다.

최소량의 법칙에서 검토한 것처럼 우리가 자신의 약점(최소량)을 파

최소량의 법칙

심력

체력 자기 지력
      관리

인간
관계

악하고, 이를 집중적으로 개선하는 것은 능력을 향상시키는 데 매우 효과적 방법이 될 수 있다. 따라서 뒤에서 다루게 될 지력·심력·체력·자기관리 능력·인간관계 능력 정도를 나타내는 다이아몬드칼라 전인지수DQ: Diamond collar Quotient를 측정해 이를 활용하는 것이 중요하다.

DQ 측정이 완성되면 '약점 위주의 전략'을 세울 수 있다. 자신의 약점이 무엇인지 파악하고 현 상황에 대한 적응 능력을 극대화할 수 있다. 또 주어진 상황에 존재하는 문제점(약점)을 파악하고 이를 극복하기 위해 상황을 '객관화하고 주관화'할 수 있는 능력을 지닌다. 아울러 주어진 문제들의 유기적 관계를 이해할 수 있는 지적 능력을 향상해 전문 경영 능력을 갖출 수 있다.

그런데 달란트의 최대화는 이 같은 다섯 가지 요소를 다방면으로 모두 다 잘할 수 있게 함으로써 생기는 것이 아니라는 점을 유념해야 한다. 비록 나에게 주어진 것이 남보다 부족할지라도 그것을 포기하지 않고 그 크기만큼을 최대화하면 된다는 것이다. 스티븐 호킹은 비록 휠체어를 타고 살 수밖에 없는 사람이지만, 그 몸을 포기하지 않고 최대화했기 때문에 세계적 과학자가 될 수 있었다. 그러므로 진정으로 실력 있는 사람이란 몇몇 뛰어난 엘리트만을 이야기하는 것이 아니다. 아무리 작은 능력을 지녔더라도 자기 것을 포기하지 않고 그 작은 것을 최대화한 사람은 누구나 진정한 실력자가 될 수 있다.

2부

—

수용성을
길러주는
5차원
전면교육

지력

– 참과 거짓을 구별하는 지적 힘

5차원 전면교육에서 다루는 지력은 궁극적으로 '참과 거짓을 분별할 수 있는 힘'을 기르는 것을 목표로 한다.

인간의 지력을 향상시키기 위해서는 앞으로 제시할 지혜 위주의 바른 방법론을 알고, 그 방법으로 훈련하면 자신의 지적 능력을 극대치까지 향상할 수 있다. 그러나 지력의 향상을 단순히 학교 성적 올리기나 많은 지식을 보유하는 것, 혹은 하나의 방법론을 터득하는 것만으로 생각하면 안 된다. 많은 지식을 통해 실제 생활에서 업무 능력이나 전문성을 향상하는 데 머무르지 않고 한 걸음 더 나아가 인생을 통해 가장 중요하다고 할 수 있는 진리를 발견하는 데까지 이르도록 하는 것이다. 이것이 5차원 전면교육 지력의 본질적 요소이다.

아무리 많은 지식을 가지고 있고, 뛰어난 지력의 소유자라 할지라도 인생의 향방이 거짓을 좇는다면 아무런 의미가 없다. 삶 전체에 걸쳐 참과 거짓을 올바르게 분별할 수 있는 능력이 있어야 바른 삶의 방향을 정립할 수 있다. 아무리 마음의 힘이 강한 사람이라도 삶의 지표를 잘못 설정하면 올바른 삶을 영위할 수 없고 사회에 폐해를 끼친다.

참과 거짓을 분별할 수 있는 지적 능력은 일생 전반에 걸쳐 중요할 뿐 아니라 일상생활과 업무에서도 결정적 역할을 한다. 매일 엄청난 분량으로 쏟아져 들어오는 각종 정보 가운데 현재 상황에 맞게 올바른 것이 무엇인지 판단하고, 거짓 정보와 가치 없는 정보를 날카롭게 끄집어내 분류하는 힘은 결국 우리 삶의 핵심 능력이다.

지식이 아닌 지혜 위주의 학습

"아는 것이 힘이다"라는 말이 있다. 오랫동안 우리의 지적 욕구를 자극하고 자녀를 열성적으로 교육시키는 데 타당성을 부여하는 말이었다. 사실 인간이 인간다울 수 있는 가장 큰 특징 중 하나는 '인간은 사고할 수 있다'는 점이다. 그리고 사고에서 기본은 아는 것, 즉 어떤 사물을 보고 듣고 경험함으로써 인식하는 것이다.

그러나 오늘날 '아는 것 = 힘'이라는 등식은 설득력을 잃고 있다. 과학기술의 발달로 정보 교류가 원활해지면서 지식이 폭발적으로 증가하고, 미래 사회에는 이런 현상이 더욱더 가속화될 것이기 때문이다.

미래학자들은 2020년이 되면 73일마다 정보가 두 배로 증가한다고 보고한다. 이 말의 의미는 새로운 지식이 폭발적으로 증가하기 때문에 지식이 많은 것이 자랑거리가 될 수 없고, 지금까지 가지고 있던 지식이 무용지물이 될 수도 있다는 것이다.

그렇다고 정보를 무시하고 더 이상 새로운 것을 알아가는 노력을 멈출 수도 없다. 하루가 다르게 새로운 지식이 증대되는 시대에 소극적인 자세를 취하는 것은 지식의 폭발적인 증가 속도만큼, 아니 그보다 몇 배의 속도로 퇴보할 수밖에 없다는 것을 의미하기 때문이다.

그렇다면 이러한 시대에 진정한 지적인 힘은 무엇인가? 그것은 지식의 양이 아니라 지식을 바르게 운용할 수 있는 힘이다. 이것을 '지혜'라고 정의하려 한다. 지식은 어떤 사실이나 사물에 대한 단순하고 단편적인 인식만을 뜻하지만, 지혜는 다양한 상황에 적용할 수 있고 새로운 지식을 만들어낼 수 있는 고차원적 힘이다.

컴퓨터 시스템을 예로 들어보자. 컴퓨터에 많은 자료를 저장해놓았다고 하자. 그런데 아무리 좋은 자료가 들어 있어도 그 자체만으로는 원하는 자료를 찾을 수 없다. 이 컴퓨터를 움직일 운영 시스템이 필요하다. 또 같은 기종의 컴퓨터에 같은 자료가 들어 있다고 해도 운영 시스템에 따라 결과가 다르게 나타난다. 저급한 시스템 속에서는 저급의 결과가 나오지만, 고급 시스템 속에서는 고급 정보가 나오기 때문이다.

이와 마찬가지로 두뇌에 저장된 지식은 그것을 운용할 수 있는 슬기, 지혜에 따라 다른 결과를 낳는다. 바꿔 말하면 지식을 운용할 수 있는 힘, 곧 지혜 위주의 교육을 받은 사람은 폭발적인 정보의 홍수 속에서도 정보의 우위에 설 수 있게 된다.

5차원 전면교육은 우리 각자가 자신에게 주어진 지적 능력을 최대치까지 발휘할 수 있도록 물고기를 잡는 방법을 익히게 해주는 것이다. 이러한 지적 훈련을 통해 끊임없이 쏟아져 들어오는 정보를 전체로 보고 날카롭게 분류하며, 방대한 양의 정보를 신속하게 처리해낼 수 있을 뿐만 아니라, 예리한 판단력과 뛰어난 결단력으로 문제의 핵심을 짚어 낼 수 있는 능력을 지니게 된다.

그뿐만 아니라 추상적으로 다가오는 여러 데이터를 잘 분석해 그것이 지금 나와 우리 집단에 끼치는 영향 등을 매우 세밀하고 구체적으로 표현할 수 있는 구체화 능력을 갖출 수 있다. 이런 종합적인 지적 능력이 향상되면 어떠한 일이든 참과 거짓을 분별할 수 있는 능력이 생기는 것이다.

100/10 학습 원리

지혜 위주의 교육을 하는 데도 하나의 원리가 있다. 정보처리 능력을 기르기 위해 배워야 할 내용이 100가지 있다면 100가지를 순서대로 하나하나 학습해나가는 것이 일반적 방법이다. 그러나 이를 더 효과적으로 익히기 위해서는 순서대로 하는 것이 아니라, 100가지 중 가장 중요하고 서로 상관관계가 높은 것 10가지를 우선 학습하는 것이다. 이것을 '100/10 학습 원리'라고 한다.

일반적으로 학교에서 100가지를 가르치면 성적이 높은 학생은 90가지 이상을, 중간 성적의 학생은 60~70가지를, 성적이 낮은 아이는 30~40가지 정도만 아는 경우가 대부분이다. 그런데 성적이 낮더라도 60~70가지 정도를 알고, 중간 학생이 80~90가지 정도 알게 하는 방법이 있다.

100/10 학습 원리를 이용하면 이것이 가능하다. 가르칠 내용이 100 개가 있을 때, 100개를 가르치는 것이 아니라 10개만 가르치는 것이다. 물론 이 10개는 나머지 90개와 연관이 가장 깊은 것을 고르는 것이다. 일반적으로 이 10개를 찾는 것도 쉽지는 않다. 5차원 전면교육에서는 '상관관계 학습법'을 통해 찾을 수 있다. 10개를 찾아서 우선 이것을 가르치고, 이 10개를 완전히 이해한 다음 나머지 90개를 가르친다면 학습 효과가 매우 커진다.

이처럼 학문에서 상관관계가 깊은 요소를 우선순위대로 몇 개 고를 수 있다면 이것으로 그 학문 전체를 설명할 수 있다. 대체로 지식은 서로 유기적으로 연결되어 있기 때문에 가장 상관성이 큰 10개를 알면 나머지 90개는 그 10개와의 관련을 통해 자동적으로 알 수 있다.

같은 시간을 똑같이 소리 높여 가르치고 열심히 공부해도 실력 차이가 나는 것은 모두 이 때문이다. 한정된 시간에 공부할 수 있는 것이 10가지라고 할 경우 중요도의 우선순위 없이 닥치는 대로 공부하면 10가지밖에 알 수가 없다. 그러나 상관관계가 가장 큰 10가지로 중요도에 따른 우선순위를 세워 공부했다면 그 10가지의 유기적 상관성으로 인해 100가지를 매우 쉽게 알 수 있다는 원리이다.

❶ 정보처리 능력 – 학문의 9단계

인간의 지적 활동은 어떤 과정을 통해 이루어지는가? 인간의 지적 활동은 기본적으로 듣고 읽은 내용을 사고 활동을 거쳐 고도화한 뒤 다시 말하고 쓰는 과정이라고 할 수 있다. 그리고 여기에서 중요한 매개가 되는 것은 외부에서 유입되는 각종 정보이다.

현대사회에서 정보의 중요성은 끊임없이 강조되고 있다. 여기서 말하는 정보는 단순히 지식 차원에서 끝나는 것이 아니다. 컴퓨터를 중심으로 정보 기술이 혁신되면서 현대사회에서는 정보가 물품이나 에너지, 서비스 이상으로 유력한 자본이 되어 산업·경제·교육·문화 등 사회 각 부문에 엄청난 영향력을 발휘하기 때문이다. 정보 전쟁이라는 말이 있을 정도로 이런 흐름은 점점 더 가속화되고 있다.

그러나 문제는 급격한 정보 기술의 발달로 정보량이 기하급수적으로 늘어 넘쳐나는 정보 중 중요한 것과 덜 중요한 것, 자신에게 필요한 것과 필요 없는 것을 가려내는 것이 점점 어려워진다는 데 있다. 정보 활용 능력이 뛰어난 사람은 정보를 통해 자신의 지적 능력을 최대화할 수 있다. 하지만 그렇지 못한 사람은 오히려 짐스러운 것이 되기 때문에 정보에서 빈익빈 부익부 현상이 심각해질 것이다.

이렇게 오늘날 정보는 곧 힘이며 개인과 집단, 국가의 경제력과 직결된 핵심 요소이다. 그러므로 21세기에는 쏟아지는 정보를 어떻게 다루느냐 하는 것이 곧 '실력'의 중요한 부분이다.

정보처리 과정

인간의 지적 활동과 연관 지어 생각할 때 정보의 흐름은 크게 세 과정으로 나눌 수 있다.

입수	➡	고도화	➡	표출

　첫 번째는 외부에 있는 정보가 개개인에게 인식되고 입수되는 과정이다. 이럴 때 정보는 크게 두 가지 형태를 띠는데 하나는 시각적으로 전달되는 형태이다. 책, 잡지, 컴퓨터 파일, 시각 자료, 논문 등 글이나 그림 등으로 얻을 수 있는 정보이다. 또 하나는 강연, TV, 수업 등 청각 형태의 정보이다. 내용적인 면을 중심으로 정보를 살필 때는 사실 위주의 말과 글, 감정 위주의 말과 글로 나눌 수 있다.

　두 번째는 입수된 정보가 인간의 뇌에서 사고 활동을 거쳐 고도화되는 과정이다. 인간의 뇌에는 고도로 발달한 정보처리 장치가 있어 각종 정보를 상호 연관성에 따라 분류·조합해 저장한다. 아무리 많은 정보를 입수했다고 해도 이 고도화 과정을 제대로 거치지 못한 정보는 큰 가치를 지니지 못한다.

　학습 활동에서 정보 흐름의 세 번째 과정은 입수되고 고도화된 정보가 말이나 글 형태로 다시 외부로 표출되는 과정이다. 아무리 정보를 잘 입수하고 고도화했다고 해도 표출되지 않는 정보는 효용성이 없다. 또 정보의 표출은 정보를 받아들이는 소극적인 입장에서 정보를 제공하는 적극적인 입장으로 바뀌는 것을 의미하므로, 이 과정을 통해 정보는 끊임없이 확대·재생산된다. 정보의 표출이야말로 가장 확실한 정보의 취득인 셈이다.

과정	단계	목표	방법
정보 입수	1단계: 정보의 양 늘리기	빨리 읽고 이해하기	속해(문해) 독서법
	2단계: 정보의 질 높이기 (평면적 정보의 질 높이기)	정확하고 신속하게 분석하기	글 분석법
	3단계: 사실과 감정 구별하기 (입체적 정보의 질 높이기)	숨은 정보 찾아내기	글 감상법
정보 고도화	4단계: 정보 조직화하기	전체를 본 후 부분 보기	고공 학습법 상관관계 학습법
	5단계: 정보 개념 심화하기	정보를 구체화해 주관화하기	개념 심화 학습법
	6단계: 정보 의식화하기	정보를 내면화하기	질문 학습법
정보 표출	7-1단계: 정확하게 쓰기 7-2단계: 보물 숨기기 7-3단계: 자유자재로 응용하기	정보를 서술적 언어로 표현하기	– 평면적 글쓰기법 – 입체적 글쓰기법 – 실생활(종합 응용) 글쓰기법
	8단계: 그림으로 표현하기	정보를 이미지로 표현하기	도식화법
	9단계: 함수로 표현하기	정보를 수학적 언어로 표현하기	함수화법

정보 입수 과정

1단계: 정보의 양 늘리기 – 속해(문해) 독서법

지적 능력을 극대화하기 위해서는 단위시간당 정보처리량을 늘리는 것이 중요하다. 이는 한번에 받아들이는 정보의 양에 따라 사고 폭이 결정되기 때문이다. 사고 폭이 좁으면 이후에 아무리 깊이를 더하려고 해도 한계에 부딪히게 마련이고, 담을 수 있는 지식량도 한정된다. 따라서 단위시간당 정보의 입수량을 늘림으로써 사고 폭을 넓히는 것이 지적 능력을 극대화하는 바탕이 된다.

인간은 평균적으로 분당 1,000~1,500자의 정보를 처리할 수 있는 능력을 가지고 있다. 그러나 현재 사람들의 정보처리 능력을 조사해보면 분당 600자 내외이며, 200~300자에 머무는 경우도 많다. 기본을 훨씬 밑도는 비정상적인 수준에 머무르고 있다. 이럴 때는 정상적인 정보처리 능력을 회복하는 것이 무엇보다 시급하다.

정보 입수에서 이해력은 읽는 속도와 관련이 있다. 그런데 일반적인 생각과 달리 천천히 읽는다고 해서 정보를 잘 이해하는 것은 아니다. 이는 이해력의 열쇠가 글자 단위에 있는 것이 아니라 한 번에 생각할 수 있는 단위인 '의미 단락sense group'에 있다는 것을 뜻한다. 따라서 이해력을 높이기 위해서는 의미 단락 위주로 끊으면서 빠른 속도로 독서를 해야 한다. 이것이 '속해 독서법'이다.

속해 독서법을 통해 정보처리 능력을 2~3배로 확장하는 것은 그다지 힘든 일은 아니다. 턱없이 높은 수준이 아니라 정상적인 수준을 회복하는 것이기 때문이다. 누구라도 7~8주 꾸준히 훈련을 거듭하면 독서량을 두 배 이상 손쉽게 향상시킬 수 있다. 임상 경험에 의하면, 우리나라 중학교 2, 3학년 학생을 매주 1시간씩 그룹으로 훈련시키고, 각자 매일 10분씩 연습했을 때, 8주 후에는 최소 1,400자에서 최대 2,100자까지 증가하는 것으로 나타났다.

2단계: 정보의 질 높이기 – 글 분석법

정보처리량을 늘렸다면 다음으로 해야 할 일은 정보를 질적으로 잘 받아들일 수 있도록 훈련하는 것이다. 정보를 질적으로 잘 받아들인다는 것은 정보를 정확하게 받아들인다는 의미이다. 정보를 정확하게 받아들이기 위해서는 먼저 정보를 이루는 말과 글의 핵심을 알아야 한다. 말과 글은 '중요한 것'과 '덜 중요한 것'으로 나뉜다. 따라서 글을 읽을 때는 이를 염두에 두고 중요한 것과 덜 중요한 것을 가려내야 한다. 여기서 '중요한 것'이란 읽는 사람의 입장에서 중요한 것이 아니라 글쓴이의 입장에서 중요한 것을 뜻한다.

3단계: 사실과 감정 구분하기 - 글 감상법

논설문과 설명문 중심의 글을 분석하는 훈련을 하면 정보를 정확히 이해하는 면에서 어느 정도 자신감이 생긴다. 그러나 갖가지 정보를 대하다 보면 글을 분석하는 것으로 해결하기가 다소 애매한 것이 있다. 바로 시나 소설과 같이 감정을 중심으로 함축적으로 쓴 문학작품이다. 문학작품은 감정이입을 통한 대리 경험으로 인간 삶의 영역을 확장하고 정서를 풍부하게 만들 뿐 아니라 고도의 상징을 사용한다. 따라서 이런 문학작품을 통해 정보를 받아들이기 위해서는 글 분석과는 다른 접근 방법이 필요한데, 숨은 주제를 찾아 글쓴이의 정서와 감정을 감상하는 방법이다. 이를 '보물 찾기'라고 하자.

작품에 숨어 있는 보물을 찾기 위해서는 먼저 아무런 편견과 선입견 없이 2~3번 읽으면서 여러 번 반복되는 중요한 단어를 중심으로 작가의 의도를 추측해보아야 한다. 그리고 나서 반드시 객관적 자료를 바탕으로 한 깊은 사고 활동을 통해 정확한 감상 정보를 확인해야 한다. 잘못된 감상 방법을 바로잡지 않으면 글을 감상하는 능력이 향상되지 않기 때문이다. 글 감상은 글 분석과 맞물려 정보의 질을 높여주는 역할을 한다.

정보 고도화 과정

<hr>

4단계: 정보 조직화하기 – 고공 학습법 · 상관관계 학습법

입수한 정보의 효율성을 높이기 위해서는 정보를 조직화해야 한다. 정보의 조직화는 여러 경로를 통해 입수한 정보를 분류하고 분석해 활용하기 쉽게 정리하는 것을 의미한다. 전화번호 100개를 아무렇게나 적어놓은 것과 가나다순으로 배열한 것은 활용 가치에 큰 차이가 있다.

정보를 조직화하기 위해서는 먼저 전체를 본 후 부분을 보는 능력이 필요하다. 이는 퍼즐의 전체 그림을 본 사람만이 낱낱의 퍼즐 조각을 맞출 수 있는 것처럼, 많은 지식을 전체적으로 볼 수 있는 사람이 지식의 조각을 활용할 수 있기 때문이다.

전체를 보는 방법은 비행기에서 아래를 내려다보듯 지식을 고공에서 바라보는 '고공 학습법'을 통해 습득 가능하다. 고공표를 그리는 방법의 원칙은 책 한 권을 그래픽 언어 한 장으로 나타내 전체를 한눈에 볼 수 있도록 만드는 것이다. 그리고 부분을 보는 것은 '상관관계 학습법'을 통해 실현 가능하다. 고공표에 나온 각각의 부분이 어떤 관계를 맺는지, 그 연결 고리를 찾는 방법이다.

고공 학습법과 상관관계 학습법을 이용해 정보를 조직화하는 것은 못 보던 것을 보게 해주고, 해결하지 못하던 문제를 해결하게 해준다.

5단계: 정보 개념 심화하기 – 개념 심화 학습법

정보의 조직화에 이어 우리가 해야 할 일은 조직화한 정보를 자기 것으로 만드는 것이다. 정보는 대개 추상적이며, 자기와 거리가 먼 이야기에 불과하다. 그러므로 그 내용을 이해해 그것을 바탕으로 자신의 생각과 느낌을 정리한다. 이는 결국 정보에 담긴 바람직하고 긍정적인 내용을 선별해 자기 생각이나 느낌과 관련을 맺는 작업이다. 추상적 개념을 구체화하기 위해서는 자신이 생각하는 개념과 사전적 개념을 깊이 묵상하는 과정이 필요하다. 이를 '개념 심화 학습법'이라고 한다.

6단계: 정보 의식화하기 – 질문 학습법

고공 학습법이나 상관관계 학습법을 통해 정보를 객관화(조직화)하고, 개념 심화 학습법을 통해 객관화한 정보를 주관화(개념 심화)하는 과정에 이른다. 하지만 이것만으로는 부족하다. 객관화하고 주관화한 내용이 삶에 영향을 주려면 아직도 거쳐야 하는 과정이 남았다. 실제 우리가 알고 있는 사실과 느낌은 완벽하지 않다. 글을 쓴 사람의 주장과 표현이 완전할 수 없으며, 그 글을 읽는 사람의 생각과 느낌도 마찬가지이다. 그러므로 그것을 삶에 적용하기 전에 걸러내야 한다. 다시말해 그 글의 내용과 느낌 또는 생각이 바르게 의식화되도록 스스로 진지하게 질문을 던져 그에 대한 해답을 얻어야 한다.

정보 표출 과정

정보 표출은 드러내고자 하는 주제를 겉으로 표현하는 평면적 글쓰기와 주제를 내면화해 안으로 숨겨 표현하는 입체적 글쓰기, 이 둘을 실생활에 활용하는 종합 응용 글쓰기로 나눌 수 있다.

7-1단계: 정확하게 쓰기 - 평면적 글쓰기법

평면적 글쓰기는 설명문이나 논설문같이 사실을 정확하게 설명하고 논리적인 주장을 하는 글쓰기를 말한다. 평면적 글쓰기는 중심 생각을 분명히 드러내는 것이므로 글 분석법을 역순으로 실행하면 된다.

글 분석법의 역순은 글을 정확하게 읽기 위해 던진 다섯 가지 질문 순서, 즉 문단 개수, 문단의 중심 내용, 글의 형식, 주제, 제목을 거꾸로 글의 제목, 주제, 형식, 중심 내용, 문단 개수 순서대로 답하는 것이다.

7-2단계: 보물 숨기기 - 입체적 글쓰기법

입체적 글쓰기란 시나 소설 등 문학작품처럼 주제를 함축적·상징적으로 표현한 글을 읽을 때 그 상징성을 풀어주는 '보물 찾기'의 반대 개념으로 '보물 숨기기'라고 할 수 있다. 입체적 글쓰기 방법으로는 연상하기, 함축·상징하기, 확인하기가 있다.

7-3단계: 자유자재로 응용하기 - 실생활 글쓰기법

종합 응용 글쓰기란 실생활에서 의사소통 매개체인 일기, 다른 사람과 의사소통하는 방법인 편지 그리고 업무에 필요한 보고서, 문제 상황을 해석하고 해결하는 논술 등이다. 정보화사회인 오늘날 글을 잘 쓴다는 것은 바로 맡은 일을 처리할 때 정보를 효과적으로 표출한다는 의미이다.

8단계: 그림으로 표현하기 - 도식화법

그림 등으로 도식화해 표현하는 것은 가장 유용한 의사 전달 방법

중 하나이다. 글을 넘어 그 내용을 그림, 도표, 선 등으로 표시하는 방법은 두뇌 구조에 맞는 표현 방식이기도 하다. 이를 위해서는 고공 학습의 원리, 상관관계의 원리, 개념 심화의 원리, 함축의 원리, 분류의 원리 등을 적용해야 한다.

9단계: 함수로 표현하기 - 함수화법

기호와 숫자로 구성한 함수를 사용해 가장 함축적으로 사건을 표현하는 함수화 표현법은 내용의 깊은 핵심을 파악하고 심화했을 때만 실현 가능하며, 지식 표출의 고등 언어라고 할 수 있다.

학습의 최종 목표는 앞에서도 자세히 언급한 것처럼 실생활에서 맡은 일을 잘 처리하는 실력을 갖추는 것이다. 지금까지 알아본 학문의 9단계는 훈련을 위해 편의상 나누어놓은 것일 뿐 완벽하게 별개로 존재하는 것은 아니다. 각각의 단계는 서로 유기적 관계 아래 통합적으로 묶여 있기 때문이다.

100/10 학습 원리에 따른 '학문의 9단계'는 특정 부분만이 아닌 언어 영역, 수리 영역, 인문과학, 자연과학 등 모든 분야의 학습에 적용 가능하다.

먼저 학습의 9단계는 언어 영역, 그중에서도 모국어 교육에 가장 효과적으로 적용할 수 있다. 모든 정보는 언어 형태로 전달되고, 모국어는 가장 기본적인 언어 전달 수단으로 정보처리 능력을 극대화하는 데 가장 좋은 수단이 된다. 나라마다 국어 교육을 중요하게 생각하는 것도 바로 이런 이유에서이다.

외국어도 모국어와 마찬가지로 학문의 9단계를 그대로 적용할 수 있다. 차이점은 언어에 따라 체계 자체가 다를 수 있으므로 그 언어 구조의 특징을 아는 것이 선행되어야 한다는 것이다. 영어를 예로 들면, 우리나라 사람들이 수십 년간 영어를 배우면서도 그 벽을 잘 넘지 못하고 어려움을 겪는 것은 영어 어순이 우리와 다른데도 우리말과 똑같이 생각하고 접근하기 때문이다. 따라서 영어를 공부할 때는 영어를 한국어식으로 생각하는 것이 아니라 영어식으로 생각하기 위한 사고 전환이 필요하다.

역사·사회 등 인문과학 정보도 학문의 9단계로 접근 가능하다. 그중에서도 특히 정보를 조직화하는 데 도움을 주는 고공 학습법과 상관관계 학습법을 활용하면 역사·사회 등 인문과학 정보를 파악하는 데 탁월한 효과를 거둘 수 있다.

학문의 9단계는 수리·탐구 영역 학습에도 도움을 준다. 수리·탐구 영역은 사실상 수와 식으로 이루어진 하나의 언어로 추상적 개념을 구체화한 것이기 때문이다. 수리 영역을 학습하기 위해서는 수와 식을 관통하는 몇 가지 원칙 아래 학문의 9단계를 적용하면 된다. 자연과학 정보를 통해서는 자연 세계를 이해하는 능력을 높일 수 있다.

5차원 독서법과 독서치료

지적 활동 중 가장 중요한 분야인 독서를 할 때 '어떻게 책을 읽어야 하며 또 무슨 책을 읽어야 하나' 하는 것은 매우 중요한 문제이다. '어떻게' 책을 읽어야 하는가 하는 문제를 해결하기 위한 5차원 독서법과 '무슨' 책을 읽어야 하는가 하는 문제를 해결하기 위한 독서치료법을 소개한다.

5차원 독서법

학문의 9단계를 익힌 다음 지적 활동에 실질적으로 적용해야 한다. 이를 위해서 효과적인 5차원 독서법을 실행한다. 일반적으로 독서를 한다고 하면 단순히 책을 읽는 것으로 생각한다. 그러나 그저 책을 읽는 것만으로는 '지식의 입수' 이상을 넘어설 수 없다.

입수한 지식은 '고도화 과정'을 반드시 거쳐야 한다. 같은 100개의 전화번호라도 그저 무질서하게 써놓은 것과 시간을 내 김씨는 김씨대로, 이씨는 이씨대로 성명에 따라 분류하는 것은 가치가 완전히 다르다. 그러므로 입수한 지식을 재배열해 가치를 높이는 고도화 작업이야말로 독서에서 가장 중요한 부분이다.

하지만 아무리 고도화된 지식도 효과적으로 표출하지 않으면 소용이 없기 때문에 지식을 표출하는 훈련이 반드시 수반되어야 한다. 그러므로 독서를 하는 데도 지식의 입수, 고도화, 표출 등 세 가지 과정을 함께 다루는 5차원 독서법을 실행한다. 만일 60분간 독서를 하게 된다면 아래와 같은 3단계의 5차원 독서법을 실시한다.

1단계(40분): 책을 읽는다(이때 모르는 단어는 사전을 찾는다).

2단계(10분): 책의 내용을 깊이 생각한다. → 지식의 재배열·고도화

3단계(10분): 생각을 기록한다. → 지식의 체계화(추상적 개념의 구체화)

이와 같은 5차원 독서법을 통해 학문의 9단계를 체질화할 수 있으며, 이 방법은 단시간에 지력을 향상할 수 있는 지름길이 된다.

독서치료

책을 읽으면 영혼이 감동하고, 즐거움을 느끼며, 생각과 태도에 변화가 일어난다. 독서를 함으로써 독자는 책 속 인물에 친근감과 동질감을 느낀다. 책 속 상황과 현실 문제가 유사하게 전개되는 것을 깨닫기 때문이다. 이처럼 독서는 독자의 인격과 책 사이 역동적 상호작용을 통해 인격적 문제를 해결하고, 삶의 지혜를 터득하게 하며, 건전한 자아상을 확립해주기도 한다.

독서 효과는 건전한 가치관 정립에 도움을 줄 뿐 아니라, 내면 갈등을 해소하고 치료하는 데도 도움이 된다. 독서를 통해 사람들은 자신과 타인의 감성과 행동을 이해할 수 있고, 정서적 문제를 치유하며, 자신의 태도를 변화시켜 문제를 효과적으로 해결하고 의사를 결정하는 데 도움을 받는다. 따라서 독서치료법이란 독서를 보다 적극적인 치유 수단으로 활용하는 것을 의미한다.

독서치료의 원리

독자는 책을 읽으면서 작중 인물과 자신이 처한 동일한 상황, 사고, 감정, 의식 등을 찾아내고, 감정이입을 통해 작품에 몰입한다. 이러한 감정과 사고의 이입은 작품의 클라이맥스에 이를 때까지 증대된다. 그리고 독자는 감정이입을 하면서 작중 인물이 느끼는 감정과 상황에 자신의 감정을 표출하기도 하고, 분노를 터뜨리기도 하며, 대리 만족을 느끼기도 한다.

이때 느끼는 카타르시스는 감정적 통찰력을 유발하는데, 통찰은 독자가 작품을 읽음으로써 자신의 문제를 객관적 시각으로 보게 되는 것을 말한다. 또 통찰은 독서치료 과정 동안 등장인물의 행동을 스스로 깨닫게 함으로써 감정적 통찰력을 갖추게 하여 자신의 문제를 해결하게 해준다.

독서치료 방법

독서치료에서 치료 효과에 가장 영향을 주는 부분은 적합한 도서의 선택이다. 적시에 적합한 책을 적합한 사람에게 읽히는 것이 독서치료에서 가장 중요한 핵심이다. 독서치료 과정에서도 치유 대상자의 문제점의 정확한 파악, 목표 설정, 적절한 독서 자료 선택과 시행 등을 체계적으로 수행함으로써 독서 치료의 효과를 높일 수 있다.

좋은 책을 선택해 바르게 읽는 것은 좋은 음식으로 몸이 건강해지는 것과 마찬가지로 인간의 정신과 사상을 건강하게 하는 데 가장 중요한 요소이다. 술, 담배 등을 잘못 사용하면 몸을 망치듯이 잘못된 책 선택도 정신을 황폐화할 수 있다. 5차원 독서법을 통해 좋은 책을 날마다 읽는 습관을 기를 때 삶은 더욱 값지고 건강해질 수 있다.

정보처리량 늘리기

하루 10분 훈련으로 독서 능력을 두 배로

5차원 전면교육의 속해 독서법은 현재 자신의 독서 능력보다 두 배 정도 향상시키는 것을 목표로 한다. 과욕을 부리지 말고 현실적으로 가능한 목표치를 정한다. 독서 속도가 두 배 향상되었다는 의미는 6년 동안 해야 할 공부를 3년 만에 할 수 있다는 것이다. 중·고등학교 6년 동안 보통 학생들은 6년 분량밖에 공부할 수 없지만, 정보처리 능력을 두 배로 향상시키면 12년 분량의 학습을 해낼 수 있다. 독서 목표를 현재의 두 배로 정했다면 이 목표는 하루에 불과 10분간 훈련함으로써 실현 가능하다.

독서 속도와 이해력의 관계

보통 빨리 읽으면 이해력이 떨어진다고 생각하지만, 오히려 반대이다. 속도가 느릴수록 집중력이 떨어지고 이해하기 힘든 경우가 많다.

학자들의 이론적 견해에 따르면, 한국어는 일반적으로 한 번 시선을 던져 파악할 수 있는 글자 수를 4~5글자로 본다. 또 두뇌가 그 글자의 내용을 파악하고 이해하는 데 평균적으로 0.2~0.25초 정도 소요된다고 한다. 이를 산술적으로 계산해보면 1분당 960~1,500자 정도 읽는 것이 정상적인 한국인이 한국어를 읽는 속도라는 결과가 나온다.

글을 읽는 것은 개인별로 훈련된 정도가 매우 다를 수 있다. 그래서 이론적으로는 분당 960~1,500자를 보아야 하지만, 사람마다 훈련 정도가 다르므로 읽는 양이 다르다. 만일 우리가 몇 가지 나쁜 습관을 고쳐

정상 수준인 1,200자 정도로 회복한다면 단위시간에 받아들이는 정보량이 늘어나 전체적으로 이해 속도가 빨라진다.

왜 속독 훈련이 아니라 속해(문해) 훈련인가

인간은 정보를 의미 단위의 덩어리로 받아들인다. 따라서 그것을 한 자씩 끊어 읽으면 속도도 느려지고 이해력도 저하된다. 빨리 읽는다고 해서 이해하지 못하는 것이 아니라, 문제는 그 의미가 뭔지 모르는 데서 생긴다. 이해력은 현재 자신의 지적 수준과 관계있는 것이지 속도와는 크게 상관이 없다.

따라서 5차원 전면교육의 '정보량 늘리기 훈련'은 빠르게 읽도록 하는 속독 훈련이 아니라 빠르게 이해하도록 하는 '속해(문해) 훈련'이다. 무조건 빨리 읽는 능력을 키우는 것이 아니라, 종합적으로 지적 수준을 향상시키면서 빨리 이해하는 능력을 키우자는 취지이다.

안구 훈련법

책 읽는 모습을 자세히 관찰해보면 눈동자가 좌우로 빠르게 움직이는 행위가 끊임없이 되풀이된다. 그런데 대개 안구를 움직이는 속도가 느릴 뿐 아니라, 심지어 고개를 돌려가면서 책을 읽는 사람도 있다. 이런 독서 습관은 글 읽는 속도를 늦춘다.

글 읽는 속도는 눈이 움직이는 속도에 따라 결정된다. 눈을 빨리 움직이면 독서 속도가 빨라진다. 이런 훈련은 안구를 움직이는 근육을 발달시켜 안구를 빨리 움직일 수 있게 한다.

다음의 '안구 훈련표'는 일종의 '가상의 책'이다. 책을 읽는 것도 일종의 안구 운동이지만, 내용을 이해하면서 읽으려면 제대로 안구를 강화할 수 없으므로 내용은 전혀 없고 형태만 있는 가상의 책으로 눈만 빨리 움직이는 연습을 하려고 한다.

안구 훈련표를 이용해 동그라미를 처음부터 끝까지 책 읽듯이 쭉쭉 따라 읽어가면서 1분 동안 몇 회를 반복해 읽는지 측정한다. 할 수 있는 한 눈을 빨리 움직이는 훈련을 한다. 하지만 목적은 안구 근육의 강화이므로 지나치게 욕심을 부리면 안 된다. 빨리 훑으며 동그라미 줄을 읽어가되 정확하게 해야지, 빨리하는 데만 초점을 맞추면 훈련자가 매우 지친다. 느리게 느껴진다 할지라도 한 줄 한 줄 정확히 훑어 내려가야 한다.

이런 안구 훈련을 매일 3분씩 꾸준히 계속하면 빠른 시간에 독서 능력을 증진할 수 있다. 1개월 이상 하루도 빼놓지 않고 3분씩 훈련하면 훈련자는 대부분 1분에 10회 이상 읽을 수 있게 된다. 그러면 독서 속도는 1,200자 정도 확보할 수 있다.

안구의 근육을 강화해 안구를 부드럽게 움직일 수 있다면, 책을 읽을 때 마치 내리막길을 달리는 듯 산뜻한 기분을 느낄 수 있다. 안구를 훈련하지 않았을 때는 오르막길을 달릴 때 헉헉거리는 것처럼 독서 자체가 피곤하고 힘들지만, 안구가 부드러워지면 책 읽는 동작이 쉽고 재미있어진다. 따라서 독서 속도도 자연스럽게 빨라진다.

그럼 준비운동을 하고 안구 운동을 해보자. 안구 훈련표를 보고 1분

동안 몇 회 읽었는지 기록하고, 3회에 걸쳐 반복한다.

안구 훈련표(3분 속해 훈련)
○ ○ ○ ○ ○ ○ ○ ○ ○ ○ ○ ○ ○ ○ ○
○ ○ ○ ○ ○ ○ ○ ○ ○ ○ ○ ○ ○ ○ ○
○ ○ ○ ○ ○ ○ ○ ○ ○ ○ ○ ○ ○ ○ ○
○ ○ ○ ○ ○ ○ ○ ○ ○ ○ ○ ○ ○ ○ ○
○ ○ ○ ○ ○ ○ ○ ○ ○ ○ ○ ○ ○ ○ ○
○ ○ ○ ○ ○ ○ ○ ○ ○ ○ ○ ○ ○ ○ ○
○ ○ ○ ○ ○ ○ ○ ○ ○ ○ ○ ○ ○ ○ ○
○ ○ ○ ○ ○ ○ ○ ○ ○ ○ ○ ○ ○ ○ ○
○ ○ ○ ○ ○ ○ ○ ○ ○ ○ ○ ○ ○ ○ ○
○ ○ ○ ○ ○ ○ ○ ○ ○ ○ ○ ○ ○ ○ ○
○ ○ ○ ○ ○ ○ ○ ○ ○ ○ ○ ○ ○ ○ ○
○ ○ ○ ○ ○ ○ ○ ○ ○ ○ ○ ○ ○ ○ ○

훈련 일시	년 월 일 시
시도 횟수	
1차	회/분
2차	회/분
3차	회/분

※ 준비물: 초시계, 연필

의미 단위 확장 훈련법: 사선 치기

실제로 책을 읽을 때, 필수적인 훈련 방법은 사선 치기 훈련이다. 글을 한 글자씩 읽는 경우는 없다. 다음 글로 실험해보자.

> 이렇게 상상으로 읽으면 엄청나게 빨리 읽을 수 있습니다. 상상이라는 것은 생각이지 않습니까? 안구 운동에 비해 월등히 빨리 볼 수 있는데 보통 사람들은 상상을 해도 상상의 힘으로 읽지 못하고 안구 운동 정도로만 읽습니다. 상상력이 부족한 사람이어서 처음부터 그림도 안 그려진다 할지라도 '그렸다' 생각하고 계속 훈련하면 어느 정도는 상상력을 키울 수 있습니다.

첫 구절을 읽을 때 '이 / 렇 / 게 / 상 / 상 / 으 / 로 / 읽 / 으 / 면 / ' 하고 한 글자씩 떼어 읽는 사람은 없을 것이다. 적어도 '이렇게 / 상상으로 / 읽으면 / ', 즉 단어 단위로 글자 정보를 인식하는 것이다.

이번에는 한 번에 끊어 읽는 범위를 좀 더 넓혀본다. 보편적으로 누구든 3~4단어를 한 번에 인식하는 것이 통계적으로 입증되었다. 두뇌가 아무리 훈련되어 있지 않다 할지라도 대부분 한 번 시선을 주면 3~4단어를 인식할 수 있다.

이렇게 상상으로 읽으면 / 엄청나게 빨리 읽을 수 있습니다. / 상상이라는 것은 생각이지 않습니까? / 안구 운동에 비해 / 월등히 빨리 볼 수 있는데 / 보통 사람들은 상상을 해도 / 상상의 힘으로 읽지 못하고……

위와 같은 방식으로 한 번에 눈에 들어와 이해되는 범위(3~4단어)인 의미 단락의 묶음으로 사선을 치면서 글자 정보를 처리하면, 이해도가 훨씬 높아질 뿐 아니라 속도도 빨라진다.

이런 방식으로 의미 단위를 확장하는 훈련을 계속해보자. 이를 위해서는 새로운 독서 습관을 길러야 한다. 반드시 연필을 들고, 어떤 글을 보더라도 의미 단락대로 사선을 치면서, 이해되는 범위만큼 읽어나가는 것이다. 이런 식으로 계속 훈련하면, 한눈에 들어오는 범위가 점점 넓어져 7~8단어 정도까지는 충분히 이해할 수 있다.

상상 훈련법

자동차를 운전하려면 우선 연습을 해야 한다. 그러기 위해서는 자동차를 직접 운전하는 방법이 있지만, 컴퓨터 앞에 앉아 그림을 보고 여러 동작을 연습하는 시뮬레이션을 이용하는 방법도 있다. 시뮬레이션을 통해 가상현실에서 훈련하더라도 효과가 있다는 것이다. 또 자동차 조수석에 앉아 운전자가 커브를 틀 때 머릿속으로 핸들을 돌리며 운전 연습을 해도 훈련이 된다. 운동도 마찬가지이다. 탁구공을 직접 치는 것도 중요하지만, 머릿속으로 상상하면서 치는 것만으로도 실력이 상당히 향상된다.

이런 상상력이 보이지 않는 것을 꾸며내는 능력일 뿐이라고 여길 수만은 없다. 어떤 것을 볼 때 눈은 여러 사물을 통과시키는 창구 역할을 할 뿐이고, 실제로 보는 역할은 뇌의 작용으로 이루어진다.

정보가 눈으로 들어오면 뇌에서 변환해 보는 것이다. 마치 방송국에서 보낸 전파를 TV에서 화상으로 전환했기 때문에 안방에서 TV를 볼 수 있는 것과 같은 이치이다. 뇌에서 생각하고 상상하는 모든 작용이 실제와 같이 심상화될 수 있다. 그래서 상상력이 중요한 것이다.

속해 훈련에서는 책을 직접 읽는 것보다 상상으로 책을 보는 훈련을 통해 효과를 극대화할 수 있다. 이 훈련을 통해 독서 속도를 2~10배까지 높일 수 있다. 단, 이 상상 훈련은 난도가 높기 때문에 속해 능력을 두 배 이상 높인 이후부터 시작하는 것이 좋다.

정보처리의 질 높이기

단숨에 핵심을 짚어내는 법

앞에서 살펴본 대로 새로운 시대를 대비할 때뿐만 아니라 현실 생활에서도 '정보처리 능력'은 매우 중요하다. 그런데 많은 정보를 빠른 속도로 처리하는 능력이 중요하지만, 애써 입력한 정보를 잘못 이해한다면 심각한 문제를 초래할 수 있다. 즉, 정보량을 늘리는 것도 중요하지만, 각 정보의 핵심을 꿰뚫는 질 높은 정보처리도 대단히 중요하다.

실제 정보 입수 과정에서는 각자의 선입관, 세계관, 편견, 지적 배경 등 때문에 정보가 굴절되어 왜곡된 판단을 할 가능성이 높다. 근본적으로 지적 능력을 높이기 위해서는 이러한 판단의 왜곡을 교정해 객관적 정보를 정확하게 파악하는 힘을 길러야 한다.

글 분석법

정보를 정확하게 파악하기 위해서는 주어진 정보를 읽을 때 '글 분석 법' 순서에 따라 다섯 가지 질문에 답하는 훈련을 한다.

1. 주어진 정보에는 몇 개의 핵심이 있나?
2. 각 문단의 요지는 무엇인가?
3. 글의 형식은 무엇인가?
4. 글의 주제는?
5. 제목은?

우선 글을 읽을 때 내용을 파악하는 데 중점을 두는 것이 아니라, 각 내용이 저자가 말하려는 것을 나타내는 핵심인지 아닌지 판단해야 한 다. 어떤 내용은 저자가 말하려는 것일 수 있고, 어떤 내용은 중요한 것 을 설명하는 부수적인 것일 수 있다. 부수적인 것일 때는 그냥 이해하 기만 하면 된다. 이를 위한 구체적인 방법은 저자가 중요하다고 여기 는 문장에 밑줄을 긋는 것이다.

다음으로 '밑줄 친 문장이 전체 정보에서 몇 개인가'가 중요하다. 만 약 밑줄을 세 개 쳤다면 전체는 세 덩어리로 이루어진 정보이다. 각 문단의 요지는 밑줄 친 내용을 다시 한번 정리해 간단하게 쓰면 된다.

글 형식을 묻는 것은 결국 이 정보에서 가장 중요한 부분이 어디에 있는가 묻는 것이다. 따라서 각 문단의 요지를 검토하면서 어떤 부분이 중요한지, 즉 주제가 무엇인지 파악해야 한다. 이때 핵심 요지가 글 앞부분에 있으면 두괄식, 뒤에 있을 때는 미괄식, 가운데 있을 때는 중괄식, 앞부분과 뒷부분에 걸쳐 있을 때는 양괄식, 각 단락에 나누어 있을 때는 병렬식이라고 한다.

마지막으로 글 제목을 정하는 방법은 '주제'에서 핵심 단어 2~3개를 뽑아 압축하면 된다.

이와 같은 방법을 반복해 꾸준히 훈련하면 어떤 정보든 빠른 속도로 정확하게 파악할 수 있다.

학습 능력을 향상하기 위해서는 먼저 정보를 정확하고 신속하게 받아들이는 능력을 기르고, 다음으로 종합 분석력을 길러야 한다. 어학 과목(국어, 영어 등)을 통해 이러한 능력을 계발하는 훈련을 할 수 있다.

글 분석법의 첫 번째 핵심은 판단력을 기르는 것이다. 상대방의 의도를 정확하게 파악하는 능력은 상대방이 전하는 메시지 중 중요한 부분과 중요하지 않은 부분을 판단하는 데 달려 있다. 즉, 중요한 것과 중요하지 않은 것을 구별하는 판단력을 기르는 것이 국어 공부의 첫 번째 핵심이다.

글을 많이 읽다 보면 이런 판단력이 저절로 증진되기도 하지만, 의식적으로 중요한 것인지 아닌지 끊임없이 고민해야 더욱 좋은 효과를 얻을 수 있다.

글에서 중요한 부분을 찾아내는 능력만 기르면 아무리 긴 글이라도 핵심 내용을 쉽게 파악할 수 있다. 긴 글이라도 실제 중요한 부분은 몇 군데뿐이며 나머지는 설명, 비유, 예문 등이므로 찾아낸 중요한 부분 몇 줄만 읽고도 정확한 내용을 완전히 파악할 수 있기 때문이다.

글 분석법의 두 번째 핵심은 결단력을 기르는 것이다. 어학 훈련의 또 다른 목표는 정보를 남보다 신속하게 얻는 것이다. 아무리 내용을 정확하게 파악한다고 하더라도 정보를 얻는 속도가 너무 느리면 큰 도움이 되지 않는다. 학교에서 시험을 칠 때 정확한 답을 쓴다 할지라도 정해진 시간 내에 문제를 풀 수 없다면 아무 소용이 없는 것과 마찬가지이다.

따라서 글을 읽을 때 얼마나 신속하게 정보를 얻어내느냐는 것은 얼마나 신속하게 중요한 문장을 찾느냐에 달려 있다. 한 화제 내에서 어떤 것이 정말 중요한 문장인지 판단하기 어려워 망설이다 보면 정보를 빠르게 얻을 수 없다. 그러므로 정보를 신속하게 얻는 것은 중요한 문장을 얼마나 신속하게 판단하는가 하는 결단력과 연관이 깊다.

이러한 글 분석 방법은 국어뿐만 아니라 사회·과학·수학, 더 나아가 영어 같은 외국어를 공부할 때도 유용하게 쓰일 수 있다. 그러므로 국어 교과서, 신문의 사설, 철학 서적 등 어느 것이든 하루에 한 가지 글을 이런 방법으로 꾸준히 훈련하면 모든 학습의 기본을 탄탄하게 다질 수 있다.

다음 글을 읽으며, 중요하다고 생각하는 부분에 밑줄을 치면서 다섯 가지 질문에 신속하게 답해보자.

> 모든 동물이 자라고 번식하는 데는 먹이가 필요합니다. 그래서 동물 사이에는 먹고 먹히는 관계가 형성됩니다. 우리는 이러한 관계를 '먹이사슬'이라고 부릅니다.
>
> 그러면 동물 사이에는 어떻게 먹이 관계가 이루어질까요? 거기에는 일정한 법칙이 있습니다. 식물은 초식동물에게 먹힙니다. 그리고 초식동물은 육식동물에게 먹힙니다. 육식동물이 죽으면 썩어 식물이 자라는 데 필요한 거름이 됩니다. 예를 들면, 파리는 개구리의 먹이, 개구리는 뱀의 먹이, 뱀은 매의 먹이, 매가 죽으면 파리의 먹이가 됩니다.
>
> 이렇게 생태계 모든 생물은 서로 먹고 먹히는 '먹이사슬 관계'를 맺고 있습니다.

Q1. 위 글은 몇 문단인가?(핵심은 몇 개인가?)

Q2. 각 문단의 요지는 무엇인가?(각 핵심을 요약하면?)

Q3. 형식은 무엇인가?(가장 중요한 핵심은 어디에 있는가?)

Q4. 주제는 무엇인가?(이 글이 전달하고자 하는 중심 정보는 무엇인가?)

Q5. 제목은?(이 글의 주제를 한마디로 표현하면?)

대부분 첫 번째 질문(Q1)에는 세 개의 문단으로, 세 번째 질문(Q3)에는 미괄식으로, 네 번째 질문(Q4)에는 '생태계의 먹이사슬 관계'라는 내용으로, 다섯 번째 질문(Q5)에는 '먹이사슬'이라는 제목으로 답한다. 하지만 각 문단의 요지를 묻는 두 번째 질문(Q2)에는 아주 다양한 답이 나온다. 첫째 문단에서 가장 중요한 문장에 밑줄을 치라고 했을 때 대략 다음의 결과가 나온다.

모든 동물이 자라고 번식하는 데는 먹이가 필요합니다. → 40%

동물 사이에는 먹고 먹히는 관계가 형성됩니다. → 25%

우리는 이러한 관계를 '먹이사슬'이라고 부릅니다. → 35%

과연 어떤 의견이 올바른 것인지 확인할 수 있을까? 핵심 문장을 찾기 위해 가장 중요한 포인트는 '내가 보기에 중요한 것'에 밑줄을 치는 것이 아니라, '저자가 보기에 중요한 것'에 밑줄을 쳐야 한다는 사실이다. '저자가 보기에 중요한 것'을 알아내기 위한 방법은 '밑줄 쳐놓은 문장을 모두 연결해보았을 때 논리적으로 매끄럽게 잘 연결되는가'를 살펴보는 것이다. 만약 첫째 문단의 핵심 문장을 찾기 어려우면 둘째 문단, 셋째 문단의 핵심 문장을 찾아 연결하는 것이 좋다.

먼저 둘째 문단의 핵심 문장을 찾아보자. 모두 여섯 개의 문장이 있지만, '식물은 초식동물에게 먹힙니다'부터 이하 네 개의 문장은 사례를 나열한 것이다. 그러므로 핵심 문장으로 보기 어렵고, 결국 앞 두 문장 중 하나라 할 수 있다. 한편 앞 두 문장은 서로 질문을 던지고 답하는 형태로 구성되어 있다. 질문은 답을 유도하기 위해 던진 것이므로 이 경우 명백하게 답을 주는 문장이 중요하다고 할 수 있다. 따라서 중요 문장에 밑줄을 치면 '거기에는 일정한 법칙이 있습니다'가 된다.

셋째 문단을 살펴보자. 이 문단은 하나의 긴 문장으로 구성되어 있기 때문에 중요한 부분만 찾아서 밑줄을 치면 된다. 이렇게 생태계 모든 생물은 서로 먹고 먹히는 '먹이사슬 관계'를 맺고 있습니다. 둘째 문단, 셋째 문단의 핵심 문장을 쉽게 찾았으므로 이제 가장 어렵게 느껴지는 첫째 문단의 핵심 문장을 연결해보자. 어떻게 연결하는 것이 가장 논리적인 흐름인가? 세 가지 유형을 모두 만들어본다.

유형 1

1. 모든 동물이 자라고 번식하는 데는 먹이가 필요합니다.

2. 거기에는 일정한 법칙이 있습니다.

3. 생태계 모든 생물은 서로 먹고 먹히는 '먹이사슬 관계'를 맺고 있습니다.

유형 2

1. 동물 사이에는 먹고 먹히는 관계가 형성됩니다.

2. 거기에는 일정한 법칙이 있습니다.

3. 생태계 모든 생물은 서로 먹고 먹히는 '먹이사슬 관계'를 맺고

있습니다.

유형 3

1. 이러한 관계를 '먹이사슬'이라고 부릅니다.

2. 거기에는 일정한 법칙이 있습니다.

3. 생태계 모든 생물은 서로 먹고 먹히는 '먹이사슬 관계'를 맺고 있습니다.

사람들은 대부분 세 개의 유형 중 유형 2가 가장 논리적이라고 답변한다. 이 글의 저자는 짧은 세 문단을 통해 '생태계의 먹이사슬'을 이야기하고자 했고, 이런 맥락에서 당연히 글을 전개하기 위해 논리적으로 서술했으며, 이것이 유형 2에 가장 자연스럽게 드러난다.

이는 간단한 훈련이지만, 모든 지적 활동의 근본이 되는 언어를 올바르게 다루는 힘을 줌으로써 실력을 쌓는 토대를 마련해준다. 따라서 이 훈련을 꾸준히 반복하면 정보처리 능력을 탄탄히 다질 수 있다.

정보를 효과적으로 전달하기

가장 쉽게 논리적이고 설득력 있는 글 완성하기

지금까지 공부한 글 분석 훈련의 주된 내용은 외부에서 정보를 효율적으로 흡수하고, 문제를 객관적으로 평가하는 능력을 기르는 것이다.

한편 글을 쓰는 훈련은 자신의 생각을 명확하게 표현할 수 있는 능력을 길러준다. 글쓰기를 통해 느낀 바를 표현하고 그렇게 느끼는 이유를 설명할 수 있다. 그리고 사건의 관계를 탐구하고 전체 의미를 파악하며 전체 맥락에서 사물을 이해하게 해준다. 그러므로 글 분석과 글쓰기를 함께 훈련하는 것은 스스로 생각하는 능력을 길러주고, 학문적인 능력을 보다 깊이 계발하게 한다.

글 분석이 곧 글쓰기 훈련

글을 잘 쓰는 것과 문학적 능력이 있다는 것은 별개로 생각해야 한다. 여기서 강조하는 글쓰기는 문학적 역량이라기보다는 사고를 올바르고 제대로 전달하기 위해 글로 표현하는 능력이다.

앞에서 배운 글 분석 능력의 핵심은 내 생각과 관점에서 글을 보는 것이 아니라, 저자의 생각과 관점의 핵심을 파악하는 힘을 기르기 위한 것이다. 따라서 이런 글 분석 훈련을 거듭하면 저자가 어떤 구조로 글을 풀어나가는지 알 수 있다. 그러면 실제 글을 쓸 때 이를 응용할 수 있다.

글쓰기는 글 분석의 역순

글쓰기 훈련은 글 분석 훈련의 다섯 가지 질문을 반대 순서로 하여 질문을 던져본다.

우선 글을 쓰는 데 필요한 제목을 정하고, 그 제목에 함축된 단어의 뜻을 음미하면서, 제목과 관련해 자신이 '무엇을 말하고 싶은가'에 대한 핵심을 잡아내 '주제'를 결정한다.

그런 다음 주제를 뒷받침해줄 요지를 여러 개 뽑아낸다. 그리고 각각의 요지를 어떤 위치에 놓을지 결정해야 한다. 즉, 형식을 결정하는 단계이다. 형식은 글을 읽을 대상을 감안해 상황에 맞게 결정하는 것이 좋다. 서양인은 두괄식을 많이 사용하지만, 한국인은 미괄식을 쓰기도 한다.

다음은 각 요지를 뒷받침하기 위한 사례, 자료, 설명 등으로 채워 넣는 순서이다. 이때 사용하는 자료와 보조 문장은 설득력이 있어야 할 뿐 아니라 논리적이어야 한다.

글을 쓰기 위한 순서를 정리해보면 다음과 같다.

1. 제목은 무엇인가?
2. 글의 주제는 무엇인가?
3. 주제를 뒷받침해줄 논리적인 요지를 만들어본다(각 문단의 뼈대를 갖추는 작업).
4. 가장 중요한 문단을 어떤 위치에 놓을 것인가?(형식 결정 단계)
5. 요지를 뒷받침할 자료와 보조 문장을 만들어 넣는다(설득력과 논리적 흐름을 염두에 두어야 한다).

논리력과 연상 능력은 글쓰기의 필수 요건

앞에서 제시한 방법대로 글을 잘 쓰기 위해서는 첫째, 논리적인 힘이 필수 요소이다. 이를 위해서는 끊임없이 글 분석 훈련을 통해 이미 글을 많이 써본 사람들이 어떻게 '논리적'으로 글을 풀어가는지 살펴보는 것이 효과적이다.

신문 사설의 경우 매일매일 새로운 정보를 논리적으로 담아 배달하므로 글 분석 훈련의 매력적인 자원資源이 된다. 이를 이용해 글 분석 훈련을 열심히 하면 '논리적인 힘'이 증진되어 어떤 주제가 주어지더라도 글을 잘 풀어나갈 수 있다.

둘째, 글을 잘 쓰기 위해서는 연상 능력이 중요하다. 연상 능력은 창의력과 상상력 혹은 반응력과 연관된 능력이다. 어떤 제목이 주어졌을 때 글의 질은 독창성이 얼마나 뛰어나느냐에 따라 달라지기 때문이다. 그러므로 '풍부한 상상력을 바탕으로 얼마나 독창적인 글을 쓰느냐'는 결국 글의 수준으로 직결된다.

이러한 능력은 단순히 공부를 많이 한다거나, 글을 많이 읽는다고 저절로 생기는 것이 아니다. 5차원 전면교육 학습을 통해 결실을 볼 수 있다. 상상력을 기르기 위해서는 속해 훈련법에서 제시한 '상상 훈련'이 도움을 주고, 창의력을 기르기 위해서는 심력에서 다룰 '풍부한 정서력 기르기' 훈련, 반응력을 기르기 위해서는 '3분 묵상' 훈련이 도움을 줄 수 있다. 이런 능력이 지적 능력을 높이는 중요한 밑거름이 되고, 결국 글쓰기 형태로 표현되는 것이다.

② 다중 언어 능력 – 두뇌에 영어식 언어 회로가 완성된다

언어의 벽을 넘어

인간의 지적 능력을 향상시키는 데 가장 중요한 요소 중 하나는 언어를 잘하는 것이다. 따라서 모국어를 잘하는 것은 지적 능력을 향상시키는 필수 요소이다. 아울러 한 가지 이상 외국어를 하면서 다중 언어 구사 능력을 기르는 것은 지적 능력을 급격하게 향상시킬 수 있는 방법이다. 하지만 외국어를 익힌다는 것이 쉬운 일은 아니며, 익힌다고 하더라도 깊이 있는 수준까지 익히기는 힘들기 때문에 지적 능력 향상에 제약이 많다.

지금도 많은 사람이 외국어를 배우는 데 엄청난 노력을 들이고 있지만, 성공한 사람은 그리 많지 않다. 다른 나라 언어를 깊이 있게 배운다는 것은 특별한 재능을 지닌 소수를 제외한 일반인에게는 불가능한 일일까? 절대 그렇지 않다. 미국인 중 지능지수가 낮은 사람도 영어를 잘하며, 심지어 자기 이름도 쓰지 못하는 문맹자도 영어로 자유롭게 의사를 표현한다. 따라서 언어란 특별한 감각이나 많은 지식을 요구하는 것이 아니라, 평범한 사람이 일반적인 언어 습득 과정을 통해서도 익힐 수 있다.

그럼에도 사람들이 외국어를 능숙하게 구사하지 못하는 이유는 언어의 기본적인 이해와 가르치고 배우는 방법이 적합하지 않기 때문이다. 따라서 언어의 특성과 구조를 이해하고 효과적인 방법을 통해 학습한다면 어떤 언어라도 장벽을 넘을 수 있다.

열심히 공부해도 외국어를 잘 못하는 이유

최근 외국어의 중요성이 높아지면서 많은 사람이 외국어 공부에 많은 돈과 시간을 투자하지만, 만족할 만한 결과를 얻는 사람은 극소수에 불과하다. 그러다 보니 외국어 하나도 제대로 못하는 사람이라고 자괴감을 느끼기도 하고, 외국어를 통해 달성하려는 많은 목표도 포기한다. 외국 유학의 꿈을 언어 문제로 포기하는 사람도 있고, 직장에서 외국어 실력에 따라 부여하는 여러 특혜를 누리지 못하는 사람도 있다.

외국어 공부를 열심히 해도 모국어처럼 구사하지 못하는 이유는 무엇일까? 외국어는 지식 축적만으로는 터득할 수 없기 때문이다. 우리나라의 일반 성인 중에서 고등학교 3학년까지 영어를 공부했는데 세월이 흐르는 동안 알고 있던 지식을 많이 잊어버려서 중학교 3학년 정도의 지식만을 갖추고, 영어를 자유롭게 활용(말하기, 듣기, 쓰기, 읽기)하지 못하는 사람이 있다고 가정하자. 이 사람에게 고등학교 3학년 과정에 해당하는 지식을 머릿속에 한꺼번에 넣어준다고 해서 바로 영어를 활용할 수 있는 것은 아니다. 지식 증가가 바로 언어 활용으로 연결되지 않기 때문이다.

그런데도 영어를 잘해보려고 다시 공부하려는 사람이 제일 먼저 하는 일은 영어 학습서를 구해 영어 지식을 머릿속에 쌓는 것이다. 그러나 이 방법으로는 영어 관련 지식을 늘릴 수 있을지 모르지만 영어를 활용하는 면에서는 성과를 거둘 수 없다.

영어를 잘하기 위해서는 지식을 운용하는 방법을 알아야 한다. 컴퓨터 기억장치에 데이터, 즉 지식이 아무리 많이 저장되어 있다 할지라도 그것이 바로 결과로 나타나는 것은 아니다. 결과로 나타내기 위해서는 운영 체계operating system를 사용해야 한다. 따라서 영어를 활용하기 위해서는 영어 지식을 활용할 수 있도록 하는 운영 체계를 알아야 한다. 그 운영 체계는 사고 구조 변환 학습법과 발성 구조 변환 학습법으로 구성되어 있다.

언어의 운영 체계를 익히는 것이 외국어 학습의 비결

다양한 언어를 살펴보면 차이가 큰 듯 보이지만, 말 순서만 바꾸어놓은 것이라는 사실을 알 수 있다. 한국 사람은 '나는 / 밥을 / 먹는다'라고 말하지만, 미국 사람은 '나는 / 먹는다 / 밥을'이라고 이야기하고, 히브리 사람은 '먹는다 / 나는 / 밥을'이라고 말한다. 같은 내용을 말 순서만 바꾸어 이야기하는 것이다. 그러므로 각 언어의 순서를 잘 익히고 그 순서의 법칙, 즉 그 언어를 사용하는 사람의 사고 구조를 이해한다면 어떤 언어라도 쉽게 익힐 수 있다.

그런데 언어는 글로만 표현되는 것이 아니라 말을 통해서도 표현되기 때문에 상대방 말을 듣고 이해하기 위해서는 그들이 내는 소리를 잘 이해해야 한다. 예를 들면 뻐꾸기는 "뻐꾹" 하고 운다고 말하지만, 실제로 뻐꾸기는 "뻐꾹" 하는 소리를 내며 울지는 않는다. 하지만 우리는 뻐꾸기와 발성 구조가 다르기 때문에 뻐꾸기 소리를 낼 수 없어 의성어로 "뻐꾹"이라고 말한다. 그런데 재미있게도 이렇게 결정하고 뻐꾸기 소리를 들어보면 "뻐꾹"이라고 들린다. 그러나 이는 제대로 듣는 것은 아니며, 뻐꾸기의 발음을 있는 그대로 내지 못하는 한 뻐꾸기의 진짜 소리는 들을 수 없다.

각 언어 사이에도 서로 다른 발음이 존재하는데, 이는 각 언어의 발성 구조가 다르기 때문이다. 발음을 정확하게 내지 못하면 들을 수도 없고 말할 수도 없기 때문에 다른 언어의 발성 구조를 익혀 같은 소리를 낼 수 있다면 그 언어 능력을 급격히 향상시킬 수 있다.

그렇기 때문에 사고 구조를 변환할 수 있는 사고 구조 변환 학습법, 그리고 외국인과 동일한 발음을 내게 할 수 있는 발성 구조 변환 학습법을 익히는 것이 현실적으로 언어를 활용하는 데 가장 중요한 요소가 된다.

① 사고 구조 변환

그러면 사고 구조를 어떻게 변환할 수 있을까? 외국어를 가르치는 사람들은 "영어를 할 때는 영어로 생각해야 하고, 중국어를 할 때는 중국어로 생각해야 한다"라고 말한다. 이 말은 사고 구조를 변환해야 한다는 뜻이다.

사고 구조를 변환하기 위해서는 외국인의 사고 구조를 정확히 알아야 한다. 영어를 사용하는 미국 사람들은 항상 '주어(S) + 동사(V)' 순으로 이야기한다. 주어와 동사를 먼저 이야기한 후 궁금한 것이 있을 경우 다음에 그 궁금한 것을 이야기하는 것이다. 그러나 한국 사람과 미국 사람이 궁금해하는 것에 차이가 있다.

예를 들면 '나는 주었다I gave'라고 말한 후 한국인에게 그다음에 어떤 것이 궁금한지 물어보면 '무엇what'을 주었는지 궁금하다고 말한다.

그런데 미국인에게 물으면 무엇what 을 주었는지보다는 '누구에게whom' 주었는지 궁금해한다. 그다음에 무엇what 을 주었는지 궁금해한다. 바로 이것이 미국인과 한국인의 사고 구조 차이이다.

영어를 사용하는 사람들은 주어와 동사 다음으로 궁금해하는 것이 누구에게whom 주었는지이며, 다음으로 무엇을what 을 주었는지, 그다음으로 어디에where, 왜why, 어떻게how, 언제when 등의 순서로 생각한다. 이것이 바로 영어를 사용하는 사람들의 사고 구조이다.

미국인은 '나는(S) / 갔다(V) / 가게에where / 음식을 사러why / 버스를 타고how'라고 말한다. 그런데 우리는 미국인과 좀 다르다. 우리는 '나는(S) / 버스를 타고how / 음식을 사러why / 가게에where / 갔다(V)'라고 이야기한다. 우리는 주어를 먼저 이야기한 후 미국인이 가장 뒤에 이야기하는 언제, 어떻게, 왜, 어디에 등 부사어를 말하고 그다음 누구에게와 무엇을 이야기하고, 영어를 쓰는 사람이 주어 다음으로 사용하는 동사를 맨 나중에 말한다.

이와 같이 우리와 영어를 사용하는 사람은 사고 구조가 완전히 반대이다. 그런데 중국인은 사고 구조가 또 다르다. 중국인은 주어를 이야기한 후 우리처럼 언제, 어디에, 왜, 어떻게 등 부사어를 말한다. 그다음은 영어처럼 동사를 먼저 사용하고 그다음으로 누구와 무엇을 사용한다. 다시 말하면, 중국인은 우리와 영어를 쓰는 사람의 중간적 사고를 한다.

일반적으로 각 언어를 살펴보면 구조가 다양하고 복잡한 듯 보이지만, 모든 언어는 '1대원리'라는 한 가지 형태로 표현할 수 있다. 따라서 이 형태를 완전히 이해하고 익히면 그 언어의 사고 구조를 익힐 수 있고, 다른 언어의 사고 구조로 변환할 수 있다. 이를 통해 다른 언어 구조를 익힘으로써 짧은 시간에 효과적으로 언어를 습득할 수 있다.

영어의 1대원리

주어(S) + 동사(V) + 목적어(O)(whom/what) + 부사어(where/why/how/when)

중국어의 1대원리

주어(S) + 부사어(when/where/why/how) + 동사(V) + 목적어(O)(whom/what)

한국어의 1대원리

주어(S) + 부사어(when/how/why/where) + 목적어(O)(whom/what) + 동사(V)

※ 단, 1대원리의 순서는 강조하고자 하는 말을 앞으로 보내려는 습관 때문에 가끔 변하기도 하지만 그것은 예외로 생각하면 된다.

우리나라 사람이 일본에 가서 약 6개월이 지나면 일본어를 유창하게 한다. 그런데 미국 사람 중에는 일본에서 3~4년간 살아도 일본어에 매우 서툰 사람을 종종 볼 수 있다. 일본어 어순이 우리말 어순과 거의 동일하므로 우리나라 사람은 사고 구조를 변환하지 않아도 단어만 알면 쉽게 일본어를 구사할 수 있는 반면, 미국인은 어순이 반대여서 사고 구조를 쉽게 변환하지 못하기 때문이다.

다른 나라 언어를 배우기 어려운 이유는 언어 자체가 어려워서라기보다 각 언어의 구조가 다르기 때문이다. 따라서 다른 언어의 사고 구조를 먼저 체득하고 언어를 배우면 누구나 쉽고 빠르게 외국어를 배울 수 있다.

② 발성 구조 변환

외국어 표준 발음을 학습해 그들의 말을 알아듣고, 그들이 알아듣는 소리를 내는 방법을 명확히 알아야 외국어를 능숙하게 구사할 수 있다. 일반적으로 각 언어가 지닌 다음 세 가지 특징을 이해하면 외국어를 듣고 말하는 능력을 매우 쉽게 키울 수 있다.

성조 성조란 단어 내의 각 음절의 소리 높낮이를 말한다. 우리말이나 영어는 음의 높낮이에 따라 뜻이 변하지 않으므로 성조에 관심도 없고, 크게 중요하게 여기지도 않는다. 하지만 중국어에서는 성조에 따라 뜻이 달라지므로 이는 매우 중요하다.

중국어에서는 'ma' 소리도 성조에 따라 네 가지 다른 뜻을 지닌다. 즉 제1성인 ma(→)는 '어머니'라는 뜻이고, 제2성인 ma(↗)는 '옷감'이라는 뜻, 제3성인 ma(∨)는 '말'이라는 뜻, 마지막으로 제4성인 ma(↘)는 '욕하다'는 뜻이다.

그런데 우리나라 사람이 영어를 배우거나 미국 사람이 한국어를 배우는 데는 성조가 매우 중요한 역할을 한다. 예를 들면 우리는 'mother'의 'mo'를 'ma(↘)'라고 중국어의 제4성과 비슷하게 발음한다. 그러나 미국 사람들은 'ma(↗)'라고 중국어의 제2성이나 제3성처럼 발음한다. 다시 말하면 각자 성조가 다르기 때문에 영어 공부를 오래 해도 영어를 잘 알아듣지 못하거나 유창하게 말할 수 없는 것이다. 따라서 각 언어의 성조를 이해하고 이를 익히면 알아듣기 쉽고 유창하게 말할 수 있다.

발음 각 나라 언어는 각각 독특한 음가를 지닌다. 우리말의 '타'와 영어의 'ta'는 전혀 다른 소리가 난다. 우리말의 '취'와 중국어의 '吃'도 역시 다른 소리가 난다. 이런 이유는 언어마다 소리를 낼 때 혀와 입술, 목 등 발성기관이 형태가 다르기 때문이다.

우리는 혀를 구부리지 않고 평평하게 펴서 발음하지만, 미국인은 혀를 구부려 소리를 내며, 중국인은 그 중간 정도의 발성 구조 형태를 띤다. 또 우리말은 무성음이 대다수인데, 영어는 반대로 유성음이 많고, 중국어는 둘이 적당히 섞여 있다.

따라서 혀와 입술의 움직임과 성대가 떨리는 정도를 잘 구분하면 매우 좋은 외국어 발음을 낼 수 있다.

연음 한 자 한 자 띄어서 또박또박 읽으면 쉽게 들리는 소리도 이어서 말하면 잘 듣지 못하는 이유는 음이 연결되면서 발음이 변하기 때문이다. 예를 들면 '발음이 좋다'란 말이 '바름이 조타'로 바뀌기 때문이다. 영어에서도 'in front of'가 'in fron təv'로 발음되므로 정확히 듣기 어렵다. 그러므로 연음 원리를 확실히 익혀야 수월하게 듣고 말할 수 있다.

다중 언어 능력의 중요성

실제로 지구 상에 수많은 언어가 있지만 사고 구조 변환법과 발성 구조 변환법만 학습하면 배우지 못할 정도로 어려운 언어는 없다. 하나의 외국어를 익히면 또 다른 언어를 익힐 때 그 원리를 그대로 적용하면 된다. 그래서 영어의 사고 구조 변환 학습법과 발성 구조 변환 학습법을 익히면 같은 원리로 중국어나 러시아어도 쉽게 배울 수 있다.

이런 훈련을 바탕으로 다중 언어 구사 능력을 습득하면 커뮤니케이션 능력만 향상되는 것이 아니라, 지력도 향상된다. 최근 몇몇 연구를 보면 한 가지 언어만 아는 사람보다 두 가지 이상의 언어를 아는 사람이 다른 면에서도 뛰어난 능력을 발휘한다고 한다. 따라서 지금 같은 지식 기반 사회에서는 다중 언어 능력이 필수이다.

인간의 지적 능력을 극대화하는 요소 중의 하나는 심도 깊은 외국어 이해 능력이다. 이는 외국어를 잘해야 한다는 뜻인데, 단순히 언어 하나를 잘한다는 의미보다 훨씬 더 중요한 요소가 숨어 있다. 외국어 활용 능력에 따라 더 많은 지식을 갖춘 사람과 그렇지 못한 사람 사이에는 실력 차이가 존재하기 때문이다.

1990년대 후반부터 세계에 두 가지 표준이 생겼다. 이른바 국제적 표준global standards이라는 것인데, 첫째는 인터넷이고 둘째는 영어이다. 이 둘은 서로 시너지 효과를 냈다. 인터넷이 점점 확산되면 인터넷 사용 언어인 영어가 세계 주요 언어로 위상을 더욱 굳히기 때문이다.

우리는 실질적 세계 공용어인 영어를 통해 모국어로는 얻을 수 없는 다양한 해외 문화와 정보를 얻을 수 있다. 또 잘 모르는 분야를 개척하는 효과적인 도구로 영어를 사용할 수 있으며, 이를 통해 사고와 행동 영역을 크게 넓힐 수 있다.

외국어의 중요성을 깊이 인식하지 못하고 영어 공부를 단지 시험 성적을 올리는 수단 정도로만 생각하면, 영어 공부의 필요성에 대한 동기부여는커녕 영어에 대한 흥미를 잃을 수 있다. 또 성적에만 집착하다 보면 교과서 중심으로만 공부하게 되고, 흥미 있고 유익한 정보를 접할 기회를 갖지 못한다.

생각을 전환해 교과서 외 문학, 미술, 체육, 음악, 과학, 의학, 만화 등 자신이 관심을 가지고 있는 소재를 영어로 읽는다면 지적 호기심을 높인 수 있다. 또 지적 호기심을 만족시키는 힘깨 있는 글을 교재 삼아 영어 공부를 시작하면, 예상 밖의 풍부한 지식을 얻고 해당 정보를 비판할 수도 있으며 더 많이 배우고 싶다는 의욕도 생긴다.

영어를 영어로 생각하는 방법

두 언어의 구조적 차이 인식

영어와 우리말에는 구조적 차이가 있다. 그런데 우리는 그런 구조적 차이를 그대로 받아들이지 않고 독해나 영작 등을 통해 구조를 깨면서 영어를 공부해왔다. 외국인과 대화할 때 우리가 말하는 패턴은 먼저 우리말로 무슨 말을 할지 생각한 다음 그것을 영어로 바꾸고, 그다음에 그것을 말한다. 외국인과 말하기까지 3단계를 거치는 것이다. 일단 우리말로 정리하는 데 시간이 걸리고, 우리말을 영어로 바꾸는 데 시간이 걸리고, 영작했다고 이야기할 수 있는 게 아니어서 말하는 데도 시간이 걸린다.

글을 읽을 때도 마찬가지이다. 처음부터 끝까지 다 읽은 후 해석을 한다. 우리말과 구조가 다르니 문장을 뒤부터 거꾸로 해석하기도 하고, 문장 앞뒤를 왔다 갔다 하면서 해석한다. 이는 영어를 이해하는 것이라기보다는 단어 뜻을 알고 반복해서 읽다 보면 파악할 수 있는 뜻이 하나밖에 없기 때문에 해석이 되는 것이다.

일정한 시간을 주고 문장을 해석하게 하는 것은 성적을 측정하는 방편으로 의미 있겠지만, 영어 실력의 향상에는 크게 도움이 안 된다. 이것을 극복하고 영어를 잘할 수 있는 방법은 영어를 영어로 생각하는 것이다.

사고 구조 변환 학습법

영어와 우리말의 구조가 다르다는 사실을 인정하고 영어식 사고 구조로 변환하는 과정을 거치면서 학습하는 방법이 '사고 구조 변환 학습법'이다.

영어를 영어식으로 생각하지 못하고 우리말식 어순으로 해석하거나 영작하려는 습관을 극복하기 위해서는, 영어식 사고 구조로 내적인 언어 구조를 변환하는 훈련이 필요하다. 이를 위해서는 영어의 사고 구조, 즉 영어 구조를 파악할 수 있어야 한다. 영어 구조를 모르면 어떻게 사고 구조를 바꾸어야 할지 알 수 없기 때문이다. 영어 구조를 파악한 후에는 사고를 영어식 구조로 변환하는 훈련을 끊임없이 해야 한다.

100/10 학습 원리에 의한 영어 구조의 1대원리와 5소원칙

그럼 영어는 어떻게 이루어져 있는가? '100/10 학습 원리'에 의해 가장 상관관계가 많은 영어의 핵심을 요약하면 한 가지 큰 원리와 다섯 가지 작은 원칙으로 정리할 수 있다. 1대원리라는 것은 '영어는 오로지 한 가지 형태밖에 없다'는 것이다.

그동안 우리는 영어의 5형식을 배웠지만, 결국 주어와 동사로 이루어진 한 가지 형태가 근본 골격이라고 볼 수 있다. 다섯 가지의 형식은 압축해보면 결국 모두 한 가지 형태의 틀에서 이해할 수 있다. 단지 동사에 따라 뒤에 '누구 whom + 무엇 what + 어느 곳 where + 왜 why + 어떻게 how + 언제 when' 등으로 덧붙이는 말이 따라올 뿐이다.

그럼에도 영어는 구조가 복잡해 보인다. 그 이유는 사전에 없는 단어 때문이다. 표현하고자 하는 사물이나 사건, 사람 등을 한 단어로 말할 수 없을 때 그것을 지칭하는 단어를 만들어 사용할 수밖에 없다. 이렇게 단어를 만들어 사용하는 데는 다섯 가지 원칙이 존재한다. 이것을 5소원칙이라 부른다.

소원칙 1: 명사를 이용해 사전에 없는 단어를 만드는 방법

소원칙 2: 동사를 이용해 사전에 없는 단어를 만드는 방법

소원칙 3: 형용사(명사)를 이용해 사전에 없는 단어를 만드는 방법

소원칙 4: 접속사와 관계대명사 등을 이용해 사전에 없는 단어를 만드는 방법

소원칙 5: 몇 가지 사소한 예외

이상의 다섯 가지 원칙만 알면 복잡해 보이는 영어 문장도 대부분 파악할 수 있다.

영어를 영어로 생각하며 읽기

영어로 된 글을 읽을 때 우리말 어순으로 바꿔 생각하는 과정을 없애고 영어를 영어로 생각하고 이해하도록 노력해야 한다. 즉, 영어로 된 글을 읽을 때 영어를 공부한다는 의식을 가능한 한 없애고 한글을 읽듯이 내용과 뜻을 파악하는 데만 집중하는 것이다.

그러므로 영어를 효과적으로 공부하는 방법은 주어진 글 전체 뜻을 파악하는 데 초점을 맞추는 것이다. 최근 수학 능력 시험의 영어 문제를 보면 글의 주제나 제목을 찾으라고 요구하는 경우가 많다. 이것은 글 일부를 한 구절씩 해석하는 것보다 전체 글의 뜻을 파악하는 능력이 더 중요하다고 보기 때문이다.

영어를 영어 자체로 생각하고 내용을 파악하는 요령은 크게 두 가지가 있다. '사선 치기'와 '네모 치기'이다.

영어 문장 구조 익히기 – 사선 치기

영어를 빨리 읽으면서 뜻을 잘 이해할 수 있는 요령은 단어 하나하나를 일일이 읽는 것이 아니고 자기가 이해할 수 있는 범위(의미 단락) 내에서 구나 절 단위로 나누어 읽는 '사선 치기' 방법이다. 나누는 부분마다 사선을 쳐서 표시하고 나눈 마디 전체를 한 덩어리로 묶어 순차적으로 뜻을 영어로 생각하며 계속 읽어보는 것이다. 이때 한 번에 이해할 수 있는 부분의 길이를 점점 늘릴수록 읽는 속도가 비약적으로 빨라질 뿐 아니라, 총체적으로 생각함으로써 이해력도 넓힐 수 있다.

빠르게 읽다 보면 이해도 안 되고 얻는 것이 없다고 생각하기 쉬우

나, 그렇지 않다. 우리가 남의 말을 들을 때, 극단적으로 빠르게 말할 때 외에는 말을 좀 빠르게 한다고 해도 알아들을 수 있다. 상대방 말을 토씨 하나 빠짐없이 모두 들어야만 뜻을 파악할 수 있는 것이 아니며, 주요 핵심 부분만 들어도 건게 뜻을 파악할 수 있다는 이야기이다.

영어도 마찬가지로 빨리 읽는다고 이해할 수 없는 것은 아니다. 빨리 읽더라도 상상력과 핵심을 정확히 파악하려는 의지를 가지고 훈련하면 같은 시간에 더 많은 정보와 지식을 얻을 수 있다.

개념 심화하기 – 네모 치기

'네모 치기'란 지문을 순차적으로 읽어가며 모르는 단어나 구문에 네모를 치며 읽는 방법이다. 일일이 모르는 단어를 사전에서 찾다 보면, 전체 글 흐름을 놓치기 쉽다. 이럴 때는 빨리 읽으며 내용이 잘 파악되지 않는 부분은 네모를 치고 사전을 찾지 말고 그 뜻을 상상하면서 넘어간 후, 나중에 남는 시간을 이용해 다시 사전을 찾아 확인함으로써 더욱 정확하게 핵심을 잡을 수 있다. 더구나 전체를 놓고 빨리 읽는 훈련을 하다 보면, 몰랐던 단어나 구절을 하나하나 외우는 것보다 더 효과적으로 외울 수 있다. 단어와 구절은 문장 안에서 읽어야 실질적인 용도를 파악할 수 있어 기억에 오래 남기 때문이다. 이를 위해서는 무엇보다 많은 영어 지문을 읽어야 한다.

다음 지문을 빨리 읽고 이해하여 글의 주제와 제목을 적어보자.

> In most English texts you will find words that you don't know.
> You can look them up in a dictionary, of course, but it's a good
> idea to get into the habit of doing without a dictionary as much
> as possible, particularly if you are preparing for an examination.
> In fact, if you read the text carefully and think, it's usually possible
> to guess the meaning of most of the words that you don't know.
> Look at the context of each word, the sentence that it's in, and the
> sentences that come before and after. Look to see if the word is
> repeated later in the text; the more often it's used, the easier it is to
> understand.

만약 이 글을 한 단어씩 읽다 보면 다음과 같이 첫 번째 문장에만도 눈이 12번 멈추게 된다.

In / most / English / texts / you / will / find / words / that / you / don't /
know. //

이 경우 읽는 속도도 느리고 생각도 단편적으로 끊어져 내용을 파악하는 데 지장을 준다. 따라서 아래와 같이 구나 절 단위로 사선을 쳐서

마디마다 한 덩어리로 묶어 생각하는 훈련을 한다.

In most English texts / you will find words // that you don't know. // You can look them up / in a dictionary, / of course, // but it's a good idea / to get into the habit of doing / without a dictionary / as much as possible, // particularly if you are preparing for an examination. // In fact, / if you read the text carefully // and think, // it's usually possible / to guess the meaning / of most of the words // that you don't know. // Look at the context of each word, // the sentence / that it's in, // and the sentences / that come before and after. // Look to see // if the word is repeated later / in the text; // the more often it's used, // the easier it is to understand. //

사람에 따라 네모 개수가 많을 수도 있지만, 이때도 마찬가지로 전체 문맥을 이해하는 과정을 우선으로 하고 모르는 단어는 나중에 찾는 것이 독해력을 높이는 데 큰 도움을 준다. 주제와 제목은 아래와 같이 찾아볼 수 있다.

주제: 사전을 찾기보다 앞뒤 문맥을 통해 뜻을 유추
제목: 새로운 단어가 나왔을 경우 해결책

다음 문장을 보면서 영어를 영어식으로 해석하는 연습을 순차적으로 해본다.

I can see myself in a mirror. The mirror can see me, too. I smile. It smiles, too. I put my hand up. The mirror puts one hand up, too. The mirror and I can do the same thing at the same time. But I don't know who does it first, and who copies.

첫 문장 'I can see myself in a mirror'를 읽을 때 우리나라 사람은 문장을 다 읽고 나서 '나는', 그리고 맨 뒤로 가서 '거울 안에서' 그다음 중간으로 와서 '나를 볼 수 있다'라고 해석한다. 그러나 이렇게 하면 답은 맞더라도 영어로 생각하는 능력은 키울 수 없다.

앞뒤로 왔다 갔다 하지 않고, 영어 어순대로 순차적으로 읽으면서 이해할 수 있는 단락까지 끊어서 해석하면, 'I can see myself(나는 나를 볼 수 있다) / in a mirror(거울 안에서)'라고 이해할 수 있다.

이렇게 읽으면 다시 읽거나 번역할 필요가 없다. 자신이 이해할 수 있는 부분까지 끊었으므로 끊은 것 자체로 자연스럽게 흐름이 잡히기 때문이다. 같은 방식으로 전체 문장을 해석해보자.

I can see myself / 나는 나를 볼 수 있다

in a mirror. // 한 거울 안에서

The mirror can see me, / 그 거울은 나를 볼 수 있다

too. // 역시

I smile. // 나는 웃는다

It smiles, / 그것(그 거울)은 웃는다

too // 역시

I put my hand up. // 나는 나의 손을 든다

The mirror puts one hand up, / 그 거울은 한 손을 든다

too // 역시

The mirror and I / 그 거울과 나는

can do the same thing / 그 같은 일을 할 수 있다

at the same time. // 그 같은 시간에

But I don't know / 그러나 나는 모른다

who does it first, / 누가 처음인지

and who copies // 그리고 누가 따라 하는지

영문 이해법

- 영어를 영어로 생각하고 이해한다. 우리글을 읽듯 내용과 뜻 파악에 중점을 둔다.

- 사선 치기: 자기가 이해할 수 있는 부분만큼 사선으로 끊어가며

해석한다. 영어의 구조대로 순차적으로 해석하는 훈련을 하면 독해 속도가 비약적으로 빨라진다.

- 네모 치기: 모르는 것은 네모를 치고 넘어간 후, 읽히는 대로 생각한다. 내용을 파악한 후 몰랐던 단어와 구문은 나중에 확인·복습한다.

영어를 영어로 생각하며 글쓰기

언어 능력에서 정보를 신속하고 정확하게 처리하는 것 외에 또 하나 중요한 것은 자신의 생각을 잘 표현하는 것이다. 그래서 독해뿐 아니라 작문을 균형 있고 조화롭게 할 줄 알아야 한다. 영어 작문이라 하면 일정한 시간에 한글 문장을 주고 그것을 영어로 바꾸는 것이다. 독해는 정보를 받아들이는 것이고, 작문은 정보를 전달하는 것으로, 자기 생각을 남에게 표현하는 능동적인 활동이라고 볼 수 있다.

보통 작문과 독해는 별개라고 생각해 영작문책 따로 독해책 따로 보는데, 실은 글 읽기와 글쓰기, 독해와 작문은 동시에 이루어진다.

영어를 어렵게 생각하는 사람은 영어로 표현하는 데 두려움을 가지고 있다. 그러나 우리에게는 조금만 훈련하면 쉽게 영어로 표현할 수 있는 잠재적 능력이 있다. 그런데 시도나 노력도 해보지 않고, 한국어와 영어의 구조적 차이를 극복하는 방법을 잘 모르기 때문에 영어를 두려워한다. 반면 표현하려는 문장을 영어식으로 생각하면 쉽게 영작을 할 수 있다. 영어를 영어식 구조로 생각하면 현재 보유한 영어 지식을 적절히 활용할 수 있기에 영어가 쉬워진다.

'나는 대전에 내 친구와 살고 있나'는 말을 영작하고 싶으면, 우선 이 문장을 영어식으로 표현하는 방법을 생각해야 한다.

'나는 살고 있다 / 대전에서 / 내 친구와'라고 머릿속에서 바꾸면 영작문은 거의 완성할 수 있다. 그대로 단어만 집어넣으면 'I live / in Daejeon / with my friend'라는 영어 문장이 완성되기 때문이다.

실제 영어 작문은 영어를 한국어식으로 생각하기 때문에 어렵게 느껴지는 것이지, 이를 영어식 구조로 생각할 수만 있다면 생각하는 동시에 영작이 이루어진다. 문법 요소에 집착하지 말고 '영어식으로 생각할 것', 이것이 '5차원 영어 학습법'의 핵심이다.

이를 잘하기 위해서는 훈련밖에 없다. 영어를 사용하지 않고 한국어로 된 연설문을 5차원 영어 학습법의 1대원리에 따라 영어식 한국어로 바꾸는 연습을 하루에 30분씩 12주 정도 하면 영어 연설문을 쉽게 만들 수 있다.

나는 지난 크리스마스에 대해 여러분에게 얘기하겠습니다. 크리스마스 전날 밤이었습니다. 산타가 그날 밤 선물을 주기 위해 나의 집으로 왔습니다. 아침이 되었을 때 나는 크리스마스트리 아래에서 그의 선물을 발견할 수 없었습니다. 나는 처음에 매우 실망했습니다. 그러나 내가 크리스마스트리 옆에 있는 의자 아래를 바라보았을 때 나는 거기서 산타의 선물을 발견할 수 있었습니다. 지난해 산타는 왔던 것입니다.

먼저 영어식으로 문장을 바꾸는 훈련부터 해보자. '나는 지난 크리스마스에 대해 여러분에게 얘기하겠습니다'라는 문장은 한국어식 표현이다. 이것을 영어식으로 바꾸면, '나는 얘기하겠습니다 / 여러분에게 / 지난 크리스마스에 대해'가 된다. 다음 단계에서 이를 영어로 바꾸면 'I will tell / you / about my last Christmas'가 된다.

이런 식으로 차근차근 해나가면 다음과 같이 전체 지문을 쉽게 영작할 수 있다.

나는 여러분에게 얘기하겠습니다 / I will tell you
지난 크리스마스에 대해 // about my last Christmas.
크리스마스 전날 밤이었습니다 // It was on the eve of Christmas.
산타가 왔습니다 / Mr. Santa came

나의 집으로 / to my house

그날 밤 / that night

선물을 주기 위해 // to give presents.

아침이 되었을 때 // When it was morning

나는 발견할 수 없었습니다 그의 선물을 / I couldn't find his presents

크리스마스트리 아래에서 // under the Christmas tree.

나는 실망했습니다 / I was disappointed

매우 / so much

처음에는 // at frist.

그러나 내가 바라보았을 때 / But when I looked

의자 아래를 / under the chair

크리스마스트리 옆에 있는 // next to a Christmas tree,

나는 산타의 선물을 발견할 수 있었습니다 / I found his presents

거기서 // there.

산타는 왔던 것입니다 / Mr. Santa did come

지난해 // last year.

이 문장에서 모르는 단어가 많지는 않을 것이다. 즉, 영어에 자신이 없는 이유는 단어를 모르기 때문이 아니라, 생각을 표현할 때 영어식으로 생각할 수 있는 두뇌 회로가 자리 잡지 않았기 때문이다. 이런 사고 구조 변환 학습 능력은 영어 공부에 국한하지 않으며, 모든 외국어를 공부하는 데 그대로 적용된다. 영어식 두뇌 회로를 만드는 5차원 영어 학습법 단계를 생각하며, 한 가지 예를 더 들어보자.

1. 한국어로 전할 내용을 적는다

경식이는 우리의 하나뿐인 사촌입니다. 그는 자기 부모님과 함께 울산에 살고 있습니다. 울산은 이곳에서 자동차로 약 1시간 거리에 있습니다. 경식이는 내일 올 것입니다. 그는 우리와 함께 이틀 동안 지낼 것입니다.

2. 영어식 한국어로 사고 구조를 바꾸는 연습을 한다

경식이는 우리의 하나뿐인 사촌입니다. // 그는 살고 있습니다. / 자기 부모님과 함께 / 울산에 // 울산은 있습니다. / 약 1시간 거리에 / 자동차로 / 이곳에서 // 경식이는 올 것입니다. / 내일 // 그는 지낼 것입니다. / 우리와 함께 / 이틀 동안 //

3. 익숙해지면 영어식 한국어를 영어로 다시 옮긴다

Kyungsik is our only cousin. // He is living / with his parents / in Ulsan. // Ulsan is / about one hour / by car / from here. // Kyungsik is going to come / tomorrow. // He is going to stay / with us / for two days. //

인간의 지적 능력을 극대화하기 위해서는 자연 세계에 대한 심도 깊은 이해 능력이 있어야 한다. 이것은 단순히 과학 문제 잘 푸는 사람으로 만들자는 이야기가 아니다. 과학이란 자연 세계를 연구해서 얻은 모든 지식을 모은 것이다. 그러므로 과학을 잘 이해한다는 것은 자연 세계를 잘 이해한다는 것이다. 자연 세계를 이해하는 것은 인간이 진리에 접근하는 데 중요한 길잡이가 된다.

수학이라는 언어를 통해 자연에 대한 이해 능력을 기른다

자연 세계에서 일어나는 현상을 서술적으로 표현한 것을 수학적 언어로 만든 것이 과학이다. 이때 수학도 영어처럼 하나의 새로운 언어라고 볼 수 있다. 예를 들어 '만유인력'이란 법칙이 있다. 자연계에는 두 물체 사이에 항상 잡아당기는 힘이 있는데, 그 힘은 무게가 무거울수록 강하고, 거리가 멀수록 급격하게 약화된다. 이것은 자연 세계를 통해 우리가 알 수 있는 사실이다. 그런데 이를 서술적으로 표현해서는 과학에 활용하기 힘들다.

그래서 과학자들은 간단하게 이 사실을 $F = g\dfrac{m_1 m_2}{r_2}$ 라고 표현한다. 이때 g는 비례상수이며 r은 거리, m_1과 m_2는 두 물체의 무게이다. 이를 풀어 읽으면 '만유인력, 즉 힘(F)은 어떤 비례상수(g)와 비례하는데, 거리의 제곱(r^2)에 반비례하고 두 무게의 곱($m_1 \times m_2$)에 비례한다'이다.

과학 지식을 모를 때는 배우면 되지만, 언어를 이해하려면 끊임없는 훈련이 필요하다. 그래서 과학을 공부하는 데도 사실은 언어적 훈련이 더 중요하다고 볼 수 있다.

> 질량이 800kg인 엘리베이터가 있다. 질량이 50kg인 사람 12명이 엘
> 리베이터를 타고 높이 300m인 100층까지 올라가는 데 2분 30초 걸
> 렸다. 이 엘리베이터를 움직이게 하는 전동기의 일률은 몇 W인가?

1단계: 수학적 수어로 번역하기

① 엘리베이터 무게(m_1) = 800(kg)

② 사람의 총무게(m_2) = 50×12 = 600(kg)

③ 높이(s) = 300(m), 걸린 시간(t) = 150(s)

④ 일률(p) = x

2단계: 식으로 만들기

필요한 과학적 지식을 생각해본다.

일률$(p) = \dfrac{w}{t}$, 일의 양 $W = F \cdot s$, 힘(F) = 질량×중력$(g≒10)$
(s는 이동 거리, t는 시간, F는 힘)

F = (800+600)×10=14,000(N)

W = 14,000×300(N·m)

$\therefore p = 14,000N × \dfrac{300m}{150s} = 28,000(W)$

결국 과학 공부는 첫째, 언어 능력을 기르고 둘째, 과학 원리를 파악하는 학습 과정이라는 것을 알 수 있다. 아무리 복잡하고 어려워 보이는 문제가 나오더라도 포기하지 말고, 일단 수학적 언어로 바꾸는 훈련은 꾸준히 하면 쉽게 실마리를 풀 수 있다.

과학을 이해하는 것은 자연을 이해하는 것

그러므로 과학에서 정말 중요한 요소는 과학 문제를 푸는 것이 아니다. 과학의 중요한 의미는 과학 공부를 통해 자연을 이해하는 능력을 기르는 데 있다. 그러면 우리는 과연 자연을 어느 정도 이해하고 있을까? 자연 세계를 깊이 살펴보면 일반적으로 상식적이라고 생각한 것과 다른 모습을 발견할 수 있다. 즉 옳다고 여긴 것이 허구일 경우도, 또 그 반대 경우도 있다.

예를 들어, 많은 과학자가 '파波'와 '물질'은 근본적으로 다른 것이라고 생각했다. 그런데 20세기 들어 '양자역학'이라는 현대 과학이 발전하면서 완전히 새로운 입장에 직면했다. 소립자의 세계를 볼 수 있게 된 후, 즉 양자나 전자 등의 세계까지 측정하는 기술을 통해 살펴보니 그 안에서 아주 이상한 현상을 발견한 것이다. 과학적으로는 다소 난해한 설명이 필요하므로 쉽고 간략하게 설명해보면 다음과 같다.

전자 같은 소립자가 있는데 그것은 덩어리이다. 그런 덩어리가 쭉 이동하다가 벽에 탁 부딪치면 반대로 나가야 하는데, 갑자기 소립자가 없어지고 여기서 파가 발생해 왔다 갔다 한다. 파가 왔다 갔다 하다가 어느 벽에 부딪치면 파가 없어지고 그 안에 새로운 소립자 덩어리가 새로 생겨 또 왔다 갔다 한다.

이는 기존 인식으로는 이해할 수 없는 현상이었다. 그런데 이를 계속 연구하면서 발견한 것이 바로 '물질파物質波'라는 개념이다. 그전에는 물질과 파가 다르다고 생각해 방정식도 따로 만들었는데, 실제 소립자, 즉 물질의 근본을 연구하다 보니 물질과 파는 동일하다는 사실을 알고 반영한 개념이다. 완전히 다른 두 개의 개념이 동일할 수도 있다는 것이다. 사람도 일종의 물질인 덩어리로 보이지만, 동시에 파로 파악할 수 있으며, 파의 파장도 구해낼 수 있다. '드브로이의 파'라는 것을 계산하면 사람의 파장도 알아낼 수 있다. 이것이 바로 자연의 진짜 모습이다.

과학이란 이과를 선택한 사람이나 과학자만 배워야 하는 과목이 아니다. 우리 모두 알고 활용해야 할 중요한 학문이다. 자동차를 운전하려면 차의 구조와 원리, 특성을 다 알 필요는 없다. 단지 운전하는 데 필요한 핵심 원리만 파악하면 된다. 과학도 마찬가지이다. 과학을 발전시키고 중심 원리를 밝히는 것은 과학자 몫이지만, 그것을 이용하고 그것을 통해 진리에 접근하는 것은 우리 모두의 특권이다.

수학을 통한 추상화 개념의 구체화 능력

지적 능력을 극대화하여 자연 세계를 바르게 이해하기 위해서는 추상화된 개념을 구체화하는 훈련이 필요하다. 어떤 강의를 듣고 좋은 느낌을 가졌다 해도, 느낌만으로는 지적인 힘을 얻을 수 없다. 이 느낌을 구체적으로 정리할 방법이 있어야 하며, 정리하기 위한 언어는 크게 다음 세 종류로 나눌 수 있다.

1차적 언어: 서술적 언어

2차적 언어: 그래픽 언어

3차적 언어: 함수적(수학적) 언어

1차적 언어는 흔히 사용하는 일반 서술적 언어이다. 가장 보편적인 언어라고 할 수 있다. 정보처리 능력은 이러한 1차적 언어를 신속하고 정확하게 처리하는 방법론에 관한 것이다.

2차적 언어는 그래픽 언어인데, 서술적 언어를 도표나 그림으로 압축하는 것을 의미한다. 고공 학습법에서 만드는 고공표는 바로 이러한 압축 능력을 키워준다. 따라서 1차적 언어만 사용하는 것이 아니라 2차적 언어로 깊이 들어가면 훨씬 효율적으로 지적 활동을 할 수 있다.

3차적 언어인 함수적(수학적) 언어란 무엇일까? 이 언어는 인류가 개발한 가장 고급스러운 언어라고 할 수 있다. 인류 역사를 뒤바꾸어놓은 충격적이고도 짧은 함수적 언어의 예가 하나 있다.

$E=mc^2$

아인슈타인 박사가 최초로 정립한 새로운 에너지에 대한 언어이다. '에너지는 질량에 비례하고 빛의 상수의 제곱에 비례한다'는 대단히 간단하면서도 엄청난 의미를 함축한, 가장 고급스러운 압축력을 보여주는 언어이다.

서술적 언어나 그래픽 언어가 일상에서 쉽게 접할 수 있는 것이라면, 함수적 언어는 매우 전문적임을 알 수 있다. 따라서 일상의 현상을 이러한 고급 언어로 압축하고, 압축된 고급 언어를 일상 언어로 새롭게 풀어내는 능력을 부지런히 훈련하면, 추상적 개념을 구체화하는 지적 능력을 연마할 수 있다.

수학 – 고급스러운 새로운 언어

많은 사람들이 어렵다고 생각하는 수학도 하나의 언어라는 기본 개념을 이해하면 쉽게 접근할 수 있는 과목이다. 문과 학생이 수학을 어려워하는 것은 매우 안타까운 일이다. 수학은 또 하나의 언어이므로 어학 능력이 있는 학생은 수학도 잘할 수 있기 때문이다. 수학을 복잡한 계산으로 생각하기 때문에 어렵게 여기는 것이다. 하지만 국어를 잘하는 학생은 수학도 잘할 가능성이 크다. 국어를 잘하면서도 수학, 과학을 못하는 사람은 대개 수학 학습 전반을 관통하는 핵심 원리를 모르기 때문에 능력을 발휘하지 못한다.

수학은 자연 세계를 합리적으로 설명하는 것이므로 수학 공부를 통해 합리적이고 논리적인 사고방식을 기를 수 있다. 또 주어진 문제를 논리적으로 해결하면서 분석력과 종합력도 함께 계발할 수 있다. 자연 현상을 논리적으로 파악하기 위해 수학은 나름의 새로운 언어로 일반화한다. 예를 들어 '삼각형 ABC'는 '$\triangle ABC$'로, '크다'나 '작다'는 '$>$'나 '$<$'로, '같다'는 '$=$'로 수학적 언어를 사용하는 것이다.

수학에서 사용하는 언어를 영어 같은 외국어로 생각할 수도 있다. 이렇게 생각하면 수학을 공부한다는 것은 새로운 언어로 사물을 일반화하는 과정이라 할 수 있으며, 수학 학습을 통해 자연 세계에 대한 이해 능력을 기를 수 있다.

수학 공부의 첫 번째 핵심은 문제를 수학적 언어로 번역하는 것이다. 이러한 원리를 바탕으로 수학 문제를 푸는 방법을 생각해보자. 보통 수학적 지식만 많으면 수학 문제를 잘 풀 수 있을 것으로 생각하지만, 사실은 그렇지 않다. 어렵다는 수학 문제를 보면 수학적 지식이 없어서라기보다는 내용이 복잡하게 꼬여 무엇을 묻는지 몰라서 손을 못 대는 경우가 많다. 즉, 수학적 지식이 부족해서가 아니라 어학 능력이 부족해서 문제를 수학적 언어로 번역하지 못해 수학 문제를 풀지 못하는 것이다. 수학 공부의 핵심은 문제를 수학적 언어로 번역하는 것이므로 수학 실력을 기르기 위한 전략은 어학을 공부하는 방법과 유사하다.

단계적 수학 문제 해결 방법

수학 문제를 푸는 첫 번째 단계는 문제를 논리적으로 이해하고 뜻을 정확하게 파악하는 것이다. 이를 위해서는 먼저 수학 문제를 자신이 이해할 수 있는 범위마다 사선을 쳐서 나눈다. 그리고 이렇게 나눈 각 의미 단락의 뜻을 이해한 후 이를 수학적 언어로 번역한다. 즉, 서술적 문장을 수학적 언어로 번역하는 것이다.

두 번째 단계는 이렇게 번역한 수학적 언어를 일반화해 식으로 만드는 것이다. 이때 수학적 지식이 없으면 식을 만들 수 없다.

수학적 지식이 있어도 어학 실력과 논리적 사고력이 부족해 1단계를 거치지 못하면 문제를 풀 수 없다. 그러므로 국어나 영어 등을 통해 어학 실력을 키우는 것은 수학 실력을 높이는 데 핵심 요소이기도 하다. 그러나 1단계는 잘 풀었는데, 2단계를 풀 수 없다면 이는 수학적 지식이 부족하기 때문이므로 문제를 접하기 전에 필요한 수학적 지식을 습득해야 한다.

예제

> 어떤 대학교의 입학시험에서 수험자가 합격자의 세 배였다. 국어 성적을 조사한 결과 합격자 평균은 수험자 전체 평균보다 10점 높았다. 또 불합격자의 평균 점수는 50점이었다. 합격자의 국어 성적 평균 점수는 얼마인가?

준비 단계: 단락 나누기

① 어떤 대학교의 입학시험에서 수험자가 합격자의 세 배였다. ② 국어 성적을 조사한 결과 합격자 평균은 수험자 전체 평균보다 10점 높았다. ③ 또 불합격자의 평균 점수는 50점이었다. ④ 합격자의 국어 성적 평균 점수는 얼마인가?

1단계: 수학적 언어로 번역

① 합격자 수: a

   수험자 수: $3a$

불합격자 수: $3a-a=2a$

② 합격자의 국어 평균: x

수험자 전체의 평균: $x-10$

③ 불합격자의 평균: 50

④ $x=?$

2단계: 식으로 만들기

$a \times x + 2a \times 50 = 3a \times (x-10)$

마무리 단계: 계산하기

$x = 65$(점)

매일 한 문제씩 이런 방식으로 단계를 나누어 풀면 논리적 사고력이
발달해 문제를 합리적으로 푸는 능력이 생긴다. 또 자신에게 부족한 수
학적 지식을 파악해 약점을 보완하고 수학 실력을 향상시킬 수 있다.

반복되는 실수를 잡아내면 실력이 향상된다

수학 공부를 잘하는 비결 중의 하나는 실수의 원인을 찾아내 해결하
는 것이다. 수학 문제를 풀다가 틀렸을 때 실수라고 생각하는 경우가
종종 있다. 그러나 그 실수를 한 번만 하는 것이 아니라 몇 번 되풀이한
다면 단순한 실수가 아니라 분명히 어떤 원인 때문이라 할 수 있다. 사

람들은 알게 모르게 선입관이나 가치관이라고 할 수 있는 각자의 독특한 주관을 가지고 살아간다. 그리고 이런 독특한 사고방식에 따라 무의식적으로 편견을 갖고 사물을 판단한다.

자신의 사고방식에 따라 같은 문제를 보더라도 남들과 다른 의견을 가질 수 있다. 이는 겉으로 실수처럼 보일 수 있으나, 실은 그 사람의 사고 체계 때문이므로 그 요인을 찾아야 극복 가능하다. 실수로 틀렸다고 생각하는 문제를 모아 일반적 경향을 찾으면 실수의 원인이 무엇인지 확인할 수 있다.

실수는 한편으로는 자신의 습관이라고도 할 수 있다. 그러므로 틀린 문제를 유형별로 정리하면 자신의 단점을 크게 줄일 수 있다. 틀린 문제를 통해 모르는 것을 확인함으로써 자신의 약점을 깨닫고, 결국 이 약점을 해결함으로써 실력을 향상할 수 있기 때문이다. 이렇게 자신의 약점과 모르는 부분을 집중적으로 공략하면 지식량이 늘어나고 인내심과 자신감이 생겨 실력이 크게 향상된다.

자신의 약점을 찾기 위해 다음과 같은 도표를 이용하면 좋다.

약점 목록표 작성법

항목에 따라 자신의 약점을 체크한다. 문제의 뜻은 이해했으나 과학 지식이 부족할 경우에는 '자신이 모르는 것' 칸에 그 내용을 적는다.

	수학	과학
원인	☐ 문제의 뜻을 이해 못 함	☑ 문제의 뜻을 이해 못 함
	☑ 수학적 지식이 부족함	☐ 과학적 지식이 부족함
자신이 모르는 것 (약점)		

일정 기간 훈련하면서 다음과 같은 약점 목록표를 정리해놓으면 자신이 각 과목에서 어떤 부분을 모르는지 알 수 있다. 이것을 집중적으로 공부하면 실력을 높일 수 있다.

약점 목록표

과목 횟수	영어	수학	물리	화학	생물
1회	관계대명사	피타고라스 정리			
2회	명사절		만유인력 법칙		
3회		오일러 공식		산화와 환원	
4회	가정법		위치에너지		
5회					세포의 구조

이상 살펴본 것처럼 수학은 인간이 만든 일종의 고급언어로 이해해야 하며, 수학 능력 향상을 통해 결국 추상적 지식을 간단명료하게 구

체화하는 힘을 지닐 수 있다. 복잡한 문제를 간단하게 풀어내는 사람이 바로 지혜로운 사람인 것이다.

④ 역사 이해 능력 – 학문의 왕도, 고공 학습법

역사를 배우는 목적은 과거의 사실을 통해 자신과 세계를 이해하기 위해서이다. 역사를 통해 우리가 살고 있는 세상을 이해함으로써 내가 어떤 삶을 살아야 하는지에 대한 통찰력과 비판적 사고력, 판단력을 기를 수 있다. 그러므로 이와 같은 역사 이해 능력을 통해 창조적 지성의 기반을 공고히 할 수 있다. 역사의 이해 능력을 갖기 위해서는 '전체를 먼저 보고 부분을 이해하는 능력'을 훈련해야 한다.

지금 다룰 '전체를 먼저 보고 부분을 이해하는 능력'은 정보를 입수한 후 지식으로 변화할 때 가장 효율적인 방법을 생각해보자는 것이다. 이러한 능력은 '숲을 먼저 보고 난 후 나무를 본다'라는 동양의 지혜와도 맥이 닿는다. 퍼즐 맞추기 게임을 생각해보자. 1,000개 조각으로 이루어진 퍼즐을 맞추려면 모든 조각이 나타나는 전체 그림을 보고 시작해야 한다.

업무를 대할 때도 마찬가지이다. 현재 주어진 일에만 급급한 것보다 전체 상황을 숙지하고 변화에 민감하게 대처하는 사람이 실력 있는 직원이다.

초등학교 때 공부를 잘하던 아이가 중·고등학교에서는 못하는 경우가 있다. 초등학교 때는 습득하는 지식 조각이 얼마 안 되기 때문에 대

충 하다 보면 잘할 수도 있지만, 중·고등학교에서는 지식 조각이 많아
져 전체를 보는 힘이 있어야 많은 양의 지식을 처리할 수 있다. 그렇기
때문에 하나하나의 지식 조각보다는 먼저 모든 지식을 엮을 수 있는
전체를 보는 훈련, 즉 고공 학습법 훈련이 필요하다.

고공 학습법

고공 학습법의 효과

역사나 사회 같은 과목은 무조건 달달 외우면 된다고 생각하는 경우
가 많다. 그러나 이런 생각은 실력을 향상시키는 데 크게 도움이 되지
않는다. 이런 인문 과목은 근원적으로 인간의 문제, 가치의 문제를 다
룬다. 예를 들어 조선시대 왕의 이름을 처음부터 마지막까지 다 외웠다
고 해보자. 이는 역사적 사건과 관련한 상식을 늘릴지는 몰라도 역사를
보는 눈이나 역사의식을 생기게 하는 것은 아니다.

안타깝게도 우리는 학교에서 그렇게 많은 시간 동안 사회나 역사를
배웠지만 체계적 역사관을 갖고 있는 사람은 많지 않다. 그 이유는 우
리가 어떤 학문의 세계를 바라볼 때 부분만 보고 전체를 보는 능력이
없기 때문이다. 역사를 공부할 때 정말 중요한 것은 그 사건이 역사 속
에서 어떤 의미를 가지는지 아는 것이다. 그리고 이를 근거로 앞으로
어떻게 역사를 만들어가야 하는지 깨닫는 것이다. 이것이 역사의 교훈
을 통해 얻는 역사관이다. 그러므로 공부를 통해 지식을 습득하는 것뿐
아니라, 그 내용이 어떤 의미와 맥락을 갖는지 전체적으로 조망하는 법

을 익혀야 한다.

학습 능률 차원에서도 마찬가지이다. 앞에서 언급한 대로 하나의 과목, 하나의 학문은 커다란 조각 그림 맞추기 게임과 같다. 조각을 결합하지 않은 채 각 조각을 보면 매우 복잡하게 느껴진다. 전체 그림을 모르면 며칠을 분투해도 퍼즐을 완성하지 못하는 경우가 많다. 전체를 볼 수 있을 때 더 효율적으로 부분 정보를 종합할 수 있다.

그러면 국사책을 가지고 고공에서 전체 그림을 보는 방법을 훈련해보자. 먼저 교과서 목차의 큰 제목을 보면 선사시대부터 조선시대까지 시대 구분이 나와 있다. 다음으로 중간 제목을 보면 시대마다 어떤 사항을 중요하게 다루는지 알 수 있다. 주로 각 시대의 건국과 발전 상황을 소개하며, 사회·경제·문화의 특징을 다룬다. 책을 대강 읽어가면서 소제목만 정리해보면 책의 세부 내용이 어떤 유기적 연관성을 띠는지 구체적으로 파악할 수 있다.

이런 요령으로 20~30분만 할애하면 책 내용을 한눈에 나타내는 표를 만들 수 있다. 이것이 바로 전체 그림 역할을 한다.

'고공표'는 높은 곳에서 전체를 조망해 각 정보의 핵심 요소를 엮어내는 것을 강조한 표현이다. 사람마다 고공표를 만드는 구체적 방법은 다를 수 있다. 표를 만들 수도 있고, 파이 같은 원형으로 만들 수도 있으며, 그림으로 표현할 수도 있다. 중심 아이디어를 가운데에 놓고 가지치기를 해가며 그림을 그리는 것도 방법이다.

① 못 보던 것을 보게 하는 고공 학습법
퍼즐을 맞출 때 전체 그림을 본 사람만 수많은 퍼즐 조각을 제대로

역사 고공표

시대	주요 사항	세부 사항
– 선사시대 – 고조선 – 기타 국가	– 생활 – 건국과 발전	– 구석기, 신석기, 청동기, 철기 – 국가 성립, 단군 – 부여, 고구려, 옥저, 동예, 삼한
– 삼국시대	– 건국과 발전 – 대외 관계 – 통일 사회와 경제 문화	– 왕권 강화, 백제, 신라, 고구려 – 살수대첩, 안시성 싸움, 백제·고구려 멸망, 나당 전쟁 – 종교, 학문, 시가 음악, 미술, 과학기술
– 통일신라 – 발해	– 건국과 발전 – 문화의 발달 – 말기의 사회 변동 – 발해의 만주 지배	– 정치, 경제, 해상 무역 – 유학, 불교, 미술, 과학기술, 향가와 음악 – 왕위 다툼, 골품제, 사상계 동요 – 발해 건국, 정치제도 정비, 대외 관계, 문화
– 고려시대	– 국가 체제의 정비 – 전기의 대외 관계 – 사회, 문화 – 무신 정권 – 후기의 사회	– 정치, 군사, 교육과 과거제도, 토지제도 – 송과 문물, 강동 6주 회복, 동북 9성 설치 – 이자겸의 난, 묘청의 서경 천도, 무신정변 – 몽고와의 전쟁, 삼별초, 원과의 관계 – 신진 사대부, 농장의 확대, 공민왕 개혁, 홍건적의 난
– 조선시대	– 양반 관료 사회 – 초기 대외 관계 – 경제 – 민족 문화 – 왜란과 호란	– 국호 제정, 중앙 정치제도, 군사 조직, 조운과 역원 – 명과의 관계, 일본, 여진 – 국토의 확장, 농본 정책, 토지제도, 국가 재정, 농민 부담 – 민족의식, 훈민정음, 과학 – 임진왜란, 병자호란, 북벌론과 나선 정벌

배치할 수 있는 것처럼, 전체를 보는 방법인 '고공 학습법'을 익히면 그
동안 알아차리지 못하던 것을 파악하고 어려운 문제를 해결하는 데 응
용할 수 있다.

국사 과목을 예로 들어보자. 보통 국사를 공부할 때 학생들은 무조건
순차적으로 공부해간다. 3월에 선사시대와 고조선을 배우면 한 달 동

안 그 단원만 공부하고, 4월이 되면 삼국시대를 배운다. 학기 말에 조선시대를 배우면 앞에서 배운 내용은 다 잊어버리는 것이 다반사다. 그렇게 부분적으로만 집중 학습하는 것보다 전체를 놓고 연결해 공부하면 기존 방법과 다른 성과를 얻을 수 있다.

고공표를 만들어보면 시대별로 공통적으로 살펴보는 것이 있다는 사실을 알 수 있다. 예를 들어 '건국과 발전'이라는 사항이 고조선, 삼국시대, 통일신라를 거쳐 반복해서 나온다. 고려와 조선시대의 경우, '국가 체제의 정비', '양반 관료 사회' 등으로 설명되어 있지만 이것도 궁극적으로는 건국과 발전에 관계된 내용이다. 시대마다 공통으로 이런 내용을 담은 이유는 건국과 발전이 역사에서 중요한 의미를 지니기 때문이다.

조선시대의 건국과 발전에서 중요한 사상 체계는 유교였다. 유교를 근간으로 국가가 성립되었기 때문이다. 이는 이성계가 국가를 세울 때 이전 시대의 불교 중심 정치와 문화에 반대하며 그 대안 사상으로 유교를 정착시켰기 때문이다.

결국 유교는 한 시대의 사상을 규정지었다. 숭유억불崇儒抑佛을 건국 이념으로 삼은 조선의 정신문화는 유교를 바탕으로 형성된다.

이런 식으로 '건국과 발전'이라는 주제가 고공표에서 어떤 역할을 하며, 다른 주요 항목과 어떻게 연결되는지 생각하고 깨달은 사람은, 내용의 핵심을 명확하게 알 수 있을 뿐 아니라, 역사의 흐름도 꿰뚫어 볼 수 있다.

그런데 안타깝게도 학생들은 국사 공부를 통해 역사의 큰 흐름을 읽는 경우가 드물다. 부분에만 집착하고 큰 것을 이해하는 과정을 소홀히 하는 교육제도 때문이다. 성적을 올리거나 남과 경쟁해 이기는 것으로 진정한 실력을 키울 수 없다. 실력 있는 사람을 양성하기 위해서는 핵심을 파악하게 하고, 남들이 보지 못하는 것을 보는 능력을 길러주어야 한다. 그런 힘은 단순히 학교에서 배우는 지식으로는 결코 얻을 수 없다. 그래서 전체를 보는 힘을 키워주는 '고공 훈련'을 계속해야 한다.

② 학습 능력을 향상시키는 고공 학습법

고공 학습법은 정확한 정보를 얻고 신속하게 정보를 처리해 학습 능력을 크게 향상시킨다. 단편적인 정보에 매달려 전체를 놓치면 전체 내용의 연관 관계를 파악하지 못하고, 처리해야 할 정보를 정확한 자리에 배치하지 못하기 때문이다.

특히 제대로 연결되지 않은 정보는 암기 능력을 떨어뜨린다. 많은 연구에서 암기를 할 때 정확한 위치와 연결한 경우 암기 능력이 향상된다는 것이 입증되었다. 정보를 분류하면 각 요소 간의 상관관계가 밝혀지고, 이에 따라 가치가 없어 보이던 정보가 가치 있는 것으로 변한다. 명확하게 정리한 정보는 그렇지 않은 정보보다 기억하기 훨씬 쉽다. 이것이 바로 지혜, 즉 지식을 운용할 수 있는 힘이다. 오늘날 정보 홍수의 시대에는 그런 힘을 키워주는 것이 지식을 많이 넣어주는 것보다 중요하다.

전체 그림을 보기 위해서는 고공에서 바라보아야 한다. 높은 곳에서는 지형이 훤히 보인다. 무엇이 어디에 있는지 윤곽을 그릴 수 있기 때문에 어떤 장소를 찾을 때도 훨씬 쉽다.

고공 학습법의 구체적 단계

① 고공표 작성

고공 학습법의 제1단계는 서술적 언어로 표현한 내용을 요약해 표로 만드는 것이다. 그런데 이 서술적 언어를 표로 만들기 위해서는 어떤 내용이 더 중요하고 덜 중요한지 판단해야 한다. 여기에는 정보처리 능력 기르기에서 훈련한 '중요한 것에 밑줄 치기'가 필요하다. 이렇게 해서 중요하다고 판단되는 핵심을 큰 주제 항목으로 묶어가며 만드는 표가 고공표이다. 국사의 경우 시대별 중요 사항을 열거하고, 그 사항에 해당하는 세부 사실을 대응해 표로 정리할 수 있다.

② 상관관계 이해 훈련

고공 학습을 할 때는 전체를 보는 데만 그쳐서는 안 된다. 전체를 본 후에는 반드시 작은 부분까지 세심하게 볼 수 있어야 한다. 이를 위해서는 표의 자료 간 상관관계를 이해해야 한다. 학문이든 일상생활에서 부딪히는 문제든 깊이 있게 관찰해보면 모든 일 사이에는 연결 고리가 있음을 알 수 있다. 그런 연결 고리를 잘 이해한 사람만이 문제의 핵심을 파악할 수 있다.

상관관계 작성은 이미 그려놓은 고공표나 그래프를 보면서 마치 고구마 줄기를 캐내듯 학문의 맥에 흐르는 각 개념의 연관 관계를 파헤쳐보는 것이다. 고공표를 관찰하는 것은 이러한 상호 관계를 엮는 힘을 얻는 데 중요한 훈련이다.

③ 개념 심화 학습법

개념 심화 학습법이란 전체 고공표에 나온 용어, 사건 하나하나의 정확한 의미와 배경을 이해하는 과정이다. 개념 심화 학습을 통해 새로운 사실을 파악할 수 있으며, 사고력을 향상시킬 수 있다. 또 정보를 주관화하는 능력을 갖추게 된다.

④ 상황 적용 훈련법

고공 학습법의 마지막 단계는 상황 적용 훈련이다. 책 전체와 부분을 보는 과정에서 개념 심화 학습까지 진행한 후에는 관련 사건과 개념이 과연 현재 나에게 어떤 의미로 다가오는지 적용해보는 훈련이 필요하다. 이것은 추상적인 사실을 삶의 구체적인 일부로 만드는 중요한 훈련이다.

5 창조적 지성

한국같이 정부나 가정에서 교육에 많은 시간과 물질을 투입하는 국가는 그리 많지 않을 것이다. 학교 공부 시간도 많고, 그 외에도 사교육 등으로 학생들은 엄청난 학습량을 소화해야 한다. 이렇게 공부를 많이 시켰는데도 정말 이상하게도 학문 분야에서 노벨상을 수상한 사람이 한 명도 없다. 투입한 에너지에 비해 결과는 너무 작은 듯 보인다. 이렇게 된 데에는 여러 요인이 있겠지만, 가장 큰 요인은 습득한 지식을 고도화해 활용하는 지적 운영 능력이 부족해 창의성을 기를 수 없기 때문이다.

창의성과 인성은 함께 자란다. 따라서 수용성 교육에서는 인성 교육에 근거한 창의적인 학습과 교육 활동을 할 수 있도록 다음과 같이 여건을 조성해야 한다.

첫째, 현 교육과정을 창의적으로 융합 운영할 수 있게 한다. 둘째, 창의적 학습과 교육 활동 분위기를 조성한다. 셋째, 학습과 교육 활동을 창의적으로 한다. 창의적 학습과 교육 활동 분위기를 조성하는 데 문제가 되는 것은 일방적인 교사 중심의 암기 위주 입시 교육이다. 이 때문에 중·고등학교로 갈수록 특별한 경우를 제외하고는 창의적 학습과 교육 활동을 하기 어려운 실정이다. 이제 교사 중심의 암기식 교육에서 학생 중심의 자기 주도적인 창의적 학습과 교육 활동을 할 수 있도록 해야 한다. 즉, 학생들이 자유롭게 토의·토론·발표할 수 있게 해야 하며, 학교에서는 학생들의 활동에 칭찬과 격려를 아끼지 말아야 한다.

2

심력
– 지식을 내면화하는 마음의 힘

심력心力이란 마음의 힘을 말한다. 군대에 갔다 온 복학생은 대부분 성적이 높다. 군대에서는 대개 혹독한 훈련을 견디며 많은 고생을 한다. 사람은 고생을 하면 의식이 변화되게 마련이다. 고생을 하는 가운데 자기 과거와 현재, 미래를 깊이 성찰한다. 그 힘으로 공부를 열심히 하게 되는 것이다. 즉, 마음의 힘이 강해지면 자신의 능력을 최대한 발휘할 수 있다. 필자는 중·고등학교 때 두 번이나 입학시험에 떨어진 경험이 있다. 가고 싶던 학교 시험에 떨어지고 1년 후에 또 떨어져서 원하지 않는 중학교에 들어가야 했고, 대학도 재수를 해서 들어갔다. 이는 필자 인생에 아주 큰 아픔이었다. 그러한 힘든 상황을 이겨낸 것은 지적 힘 덕분이 아니었다. 바로 마음의 힘 덕분이었고, 그 힘 때문에 지금의 필자가 있게 된 것이다.

마음의 힘이 이렇게 중요한데도 우리에게는 이를 증진할 교육과정이 없다는 사실은 참으로 안타까운 일이다.

5차원 전면교육의 심력 요소는 삶의 목표를 분명하게 설정하도록 도와주고, 자극에 적절히 반응하는 힘을 키우며, 이를 통해 책임감을 갖도록 한다. 또 예술 활동 등으로 풍부한 정서력을 함양해 창의성과 상상력을 발휘하게 하며, 다른 사람을 배려하는 삶을 통해 자신의 지식을 내면화하는 힘을 길러주고자 한다. 즉, 지력이 참과 거짓을 분별하는 힘을 키운다면, 심력은 받아들인 지식을 내면화해 삶을 변화하는 힘이 되도록 한다.

① 삶의 목표 확립 - 인생 설계도를 그려라

많은 사람이 인생의 목표나 구체적인 계획도 없이 살아간다. 분명한 목적의식 없이 대략적 방향만 가지고 살아가면 일상생활에는 문제가 없을지 모르지만, 중대한 내적 질문에 부딪히면 갑자기 공허하게 무너져 내릴 수 있다.

한 조사에 의하면, 미국인 중 97%는 삶의 목표를 명료하게 파악하지 못한 채 살아가고 있다고 한다. 하지만 3%는 뚜렷한 인생 목표를 갖고 있고, 그들은 결국 매우 성공적인 인생을 영위했다는 것이다. 그들은 자신의 인생에 대해 '설계도'를 지참한 사람들이다.

마음의 힘을 키워주는 첫 번째 원리는 이처럼 구체적인 인생 설계도를 갖는 것, 즉 '삶의 목표 확립'이다. 앞에서 언급했듯 남자들은 군대에서 크게 변화되어 돌아오는 경우가 많다. 극도로 어려운 훈련에 임하면서 생애 목표를 확립했기 때문이다. 자신의 삶에 강한 도전을 받으면 인생을 대하는 자세가 변화된다. 이처럼 생애 목표를 확립한 사람은 여러 어려움이나 힘든 상황에 부딪혀도 주저앉지 않고 그것을 극복할 힘을 낼 수 있다.

멋진 목표를 확립한 후에는 놀랍게도 인생이 바뀌어가는 것은 경험한다. 그러나 목표를 설정했다고 하더라도 그 목표를 이루기 위해 무엇을 해야 하는지 분명히 알아야만 한다. 그것을 모른다면 목표는 단순한 희망 사항으로 끝날 수 있다.

삶의 목표 확립을 위한 두 가지 훈련법

삶의 목표를 확립하는 데 제일 좋은 방법은 실제 모델을 살펴보는 것이다. 분명한 삶의 목표를 가지고 역동적으로 살아가는 사람이 옆에 있다면 그를 모델 삼아 자신의 목표를 세우면 된다. 만일 주변에 그런 사람이 없을 경우에는 훈련을 해야 한다. 이 훈련은 '3분 묵상법'을 통해 삶의 목표를 확립한 사람들의 이야기를 꾸준히 들려주고, 반응하게 하는 것이다.

'일생 고공표'는 구체적 인생 설계도를 글이나 그림으로 작성하는 것을 말한다. 지적 능력을 극대화하는 지혜 위주 방법에서 다룬 고공 학습법의 원리와 상통한다. 고공 학습법이 우리에게 못 보던 것을 보게 하는 힘을 주고, 해결하지 못하던 문제를 해결하는 힘을 주어 학문적 능력을 향상해주는 것처럼 일생 고공표는 자신의 인생에서 평소 안 보이던 것을 새롭게 보는 힘을 주고, 약점을 해결할 기회를 제공한다.

평소 별로 생각하지 않던 일생 고공표를 갑자기 쓰는 것은 쉽지 않은 일이다. 그래서 다음 네 가지 예비 질문에 먼저 답해보면 좀 더 쉽게 일생 고공표를 작성할 수 있을 것이다.

일생 고공표 작성법

1. 당신의 일생 동안 정말 갖고 싶은 것은 무엇인가?(눈에 보이는 유형 자산)

  예) 아름다운 집, 보트, 자동차, 도서관, 대학 등

2. 당신이 정말 갖고 싶은 것 중 눈에 보이지 않는 것은?(무형 자산)

  예) 사랑, 평화, 행복 등

3. 당신의 남은 인생 동안 '하고 싶은 일만 해도 된다'는 전제하에 후회 없
   이 신나게 하고 싶은 활동은 무엇인가?

  예) 세계 일주, 대학원 진학, 글쓰기, 작품 전시회 등

위의 질문은 삶에 소중한 가치와 목표가 무엇인지 깨닫게 하는 질문
이다. 그러나 정말 중요한 것은 자신의 내면과 관련한 목표이다. 많은
것을 소유할 수 있고, 많은 활동을 할 수 있지만, 죽은 뒤 사람들이 "저
친구는 돈만 모았어"라고 하면 어떻겠는가?

4. 당신의 삶을 성공적으로 마치고 나서 주위 사람들에게 가장 칭찬받고
   싶은 것은 무엇인가?

이제 위 네 가지 질문에 대한 답을 가지고, 자신의 인생 목표를 구체

적 문장으로 만들어보자. 예비 질문을 통해 자신의 새로운 모습을 구체적으로 상상하면서 인생 목표를 기록해보자.

인생 목표:

_____

_____

_____

_____

_____

이렇게 삶의 목표를 구체적 문장으로 작성할 수 있다면 매우 중요한 작업을 끝마친 셈이다. 이처럼 정리한 목표는 인생에 적용하는 헌법과도 같다. 언제 어떤 상황에서든지 당신은 위 문장을 떠올리면서 자신의 삶을 조명하고 방향감각을 되찾을 수 있을 것이다. 그러므로 위 문장은 가급적 간결하고 깊이 있는 것으로 단순화하는 게 좋다.

일생 고공표는 많은 사람이 실제 자신의 삶을 전체적으로 볼 수 있게 해준다. 이 작업을 하는 사람들의 일반적 반응은 "좀 더 젊었을 때 일생 고공표를 작성했다면 지금보다는 훨씬 나은 사람이 되었을 것"이다. 그러나 지금도 늦지 않았다. 70세가 다 된 노년의 교수도 여생을 심각하게 고민하고 자신의 삶을 재정립한다.

일생 고공표를 생각하면 기억에 남는 사람이 한 분 있다. 중국연변과학기술대학교의 한국인 교수인데, 한민족과 자신이 속한 지역사회에 도움이 되는 삶을 사는 것을 인생 목표로 정한 사람이었다.

그는 일생 고공표를 작성한 후 당시 중국에 있는 것보다 미국 유학을 통해 더 깊이 공부하는 게 좋을 것 같다고 결정하고 짐을 쌌다. 곧바로 미국 유학길에 올라 본래 전공인 영어를 공부하면서 자신의 목표를 계속 고민했다. 3년이 지난 후 앞으로 실제적으로 사회에 기여하기 위해서는 영어보다 임업 분야가 더 적합하다고 판단하고, 임업 관련 학과로 전공을 바꾸어 그 길을 가고 있다.

삶의 목표를 확립하는 것은 쉬운 일이 아니다. 자신이 무엇을 원하는지, 어떤 능력을 가졌는지, 가장 가치 있는 일이 무엇인지 깊이 생각할 기회를 갖지 못한 경우에는 더욱 그러하다. 하지만 설령 그렇다 할지라도 현재 자신의 상태를 깊이 들여다보고 자신이 원하는 바, 능력, 방향 등을 정리하면 된다. 지금 정리한 것을 토대로 계속 깊이 사고하는 과정을 통해 수정·발전할 수 있기 때문이다. 인생의 목표를 정립하는 일은 분명 자신의 삶에 한 획을 그을 정도로 큰 힘과 변화를 주는 것이므로 이 과정을 포기하지 않기를 바란다.

삶의 목표가 확립된 후에는 인생의 목표를 이루는 데 필요한 구체적 전략을 짜야 한다. 만일 '세계 최고의 학자'가 되는 목표를 세웠다면 남은 삶 동안 그 목표를 이루기 위한 전략을 세워야 한다. 마찬가지로 '위대한 교육자'가 되고 싶은 사람도 구체적인 세부 계획을 세워야 할 것이다. 일생 고공표는 이렇듯 삶의 목표를 이루기 위해 남은 생을 고공에서 전체를 내려다보면서 굵직한 계획을 잡는 것이다.

분명한 인생의 목표를 정립하는 것은 삶에 강력한 에너지를 제공한

단위 \ 항목	연도	가족 1	가족 2	가족 3	가족 4	세부 목표
20대						
30대						
40대						
50대						
60대						

다. 위인의 삶을 들여다보라. 그들은 한결같이 분명한 목적의식을 갖고 그것을 이루기 위해 삶의 에너지를 집중했다. 그들에게 고난은 오히려 자기 능력을 극대화하고 발전시킬 수 있는 또 하나의 기회이고 발판이었다. 이런 측면에서 심력을 키우는 요소 중 첫 번째가 바로 '인생의 목표 확립'인 것이다.

인생의 목표를 정하는 과정에서는 지력이 중요한 요인이 된다. 지력의 범주만큼, 즉 자신이 아는 만큼 인생을 바라보기 때문이다. 그러므로 지력을 향상한 사람은 그만큼 인생을 넓고 깊이 있게 바라볼 수 있어 지력을 통해 얻은 것을 내면에 녹아들게 하여 자신의 인생에 반영하는 힘이 있다. 그러므로 인생 목표의 확립은 그 자체만으로도 큰 의미가 있을 뿐 아니라, 개인의 지적 요소를 내면화해 나타나는 종합적인 결과물이 될 수 있다.

자신의 인생 목표를 성취하기 위해 어떤 준비를 해야 하고, 시간을 어떻게 사용해야 할지 개괄적으로 작성해보자. 우선 10년 단위 세부 목표를 수립해보자. 참고로 가족의 나이를 적으면서 자신의 인생 계획과 가족의 미래를 함께 생각해보자.

② 사회를 호흡하는 반응력 – 반응력을 회복하는 3분 묵상법

요즘 현대인 중에는 슬픈 것을 봐도 별로 슬퍼하지 않고, 기쁜 것을 봐도 별로 기뻐하지 않는 사람이 많다. 현대 문화의 자극적이고 비인간적인 면모 때문이다. 주로 말초적 감각에 호소하는 환경에 많이 노출되기

때문에 어지간히 자극적인 상황이 아니고서는 반응하지 못한다.

영어 단어 'responsibility(책임)'는 response(반응)와 ability(능력)를 합성한 단어이다. 이를 통해 책임감이 반응력과 관계있다는 사실을 유추할 수 있다. 실제로 반응력이 없는 사람은 책임감도 느끼기 어렵다. 이웃이 슬픈 일이나 가슴 아픈 일을 당하는 모습을 보고도 슬퍼하거나 아파할 줄 모르는 사람이 어떻게 그 사람을 도울 수 있으며, 사회문제를 책임감 있게 들여다볼 수 있겠는가? 교육과 정치, 경제 등 각 분야에서 일어나는 문제를 그냥 방관자로서 바라보고만 있다가는 자신도 모르는 사이에 피해자가 될지도 모른다.

가족, 이웃, 국가에 민감하게 반응하는 사람은 구성원의 삶에 깊은 관심을 가지며, 그들을 위해 자신이 할 수 있는 일을 고민하고, 책임감을 지니고 문제 해결에 동참할 것이다.

우리는 '반응력 있고 책임감' 있는 사람을 길러야 한다. 반응하지 못하던 사람이 반응할 수 있다는 것은 아주 놀라운 변화이다. 5차원 전면교육의 '심력 훈련' 목표 중 하나는 이런 능력을 기르는 것이다.

반응력을 기르는 방법 중 하나는 주어진 글을 읽고 느낀 점을 적는 훈련을 해보는 것이다. 이 훈련을 통해 싹튼 반응력이 점점 자라면 나중에는 주위의 가슴 아픈 일, 이웃의 어려움을 봤을 때 자신이 어떻게 반응해야 할지 알게 된다. 이런 힘은 책임감과 연결된다. 그리고 이런 능력이 공동체 의식을 불러일으키고, 장차 우리나라를 이끌어갈 지도자의 역량을 키워줄 것이다.

반응력과 책임감을 기르는 3분 묵상법

3분 묵상법은 반응력을 키우기 위한 훈련법 중 하나이다. 말 그대로 3분간 깊은 묵상을 하면서 마음의 힘, 특히 반응력을 키우는 훈련이다. '3분 묵상의 글'로 자극을 주고, 그 자극에 반응을 보이는 연습을 쌓는 것이다.

실전 연습

> 유명한 권투 선수들의 경기를 보면 대전료를 수백만 달러씩 받는 경우가 있다. 그런데 그 경기에서 펀치는 불과 수십 번만 휘두르고 싱겁게 끝나기도 하기 때문에 '주먹 한 번에 10여만 달러나 번다'고 부러워한다.
>
> 또 어떤 야구 선수는 연봉이 3,000만 원인데 1년에 안타를 100개 치면 '안타 하나에 30만 원'이라는 얘기가 된다.
>
> 그러나 이것은 단순한 사고에서 나온 이야기이다. 그 사람에게 주어지는 대가는 바로 그 일에 대한 대가뿐 아니라 현재까지 해온 훈련과 노력의 대가가 포함되어 있기 때문이다.
>
> 우리에게 주어지는 대가는 정상적인 경우라면 그에 대해 내가 일생을 통해 얼마나 수고하고 노력했는가로 결정되며, 지금 우리의 부러움을 사는 사람들을 바라볼 때 뒤에 숨은 그들의 수고를 볼 수 있어야 한다.

어떤 프로야구 선수는 중학교 때부터 새벽 5시에 일어나서 하는 새벽 훈련을 13년간 걸러본 적이 없다고 한다. 운동선수만 그런 것이 아니다. 직장인이든 사업가든 학자든 누구나 현재의 대우는 지금까지 흘려온 땀의 대가이다. 우리가 어떤 대우를 받기 바란다면 그 대우 뒤에 숨은 땀을 보는 지혜가 있어야 한다.

1단계: 관찰

글을 자세히 읽으면서 자신에게 뭉클하게 다가온 부분, 새롭게 감동을 주는 단어나 문장에 동그라미 혹은 밑줄로 표시한다. 반응력이 뛰어난 사람은 짧은 글이지만 서너 곳에 표시할 것이다. 그러나 반응력이 약한 사람은 아무리 좋은 글을 제시해도 감동이나 자극으로 다가오는 부분을 쉽게 찾을 수 없다. 처음부터 잘되지는 않지만, 꾸준히 훈련하면 새롭게 느껴지는 부분이 늘어난다.

예문에는 네 곳이 체크되어 있다. '주먹 한 번에 10여만 달러', '숨은 그들의 수고', '새벽 훈련을 13년간', '땀을 보는 지혜' 등이 새로운 자극으로 마음에 와 닿았기 때문이다. 이와 같은 방법으로 1단계 관찰을 잘해두면 2단계의 느낀 점 기록하기가 한결 쉬워지고, 또 깊이 있게 기록할 수 있다.

2단계: 느낀 점 적기

관찰의 단계에서 표시한 부분을 보며, 어떤 느낌이 들었는지 간단하게 적어본다. 처음부터 느낀 점을 적는 것이 쉽지는 않지만, 뭉클하게 다가온 점을 자신의 언어로 서술해보는 일은 내면을 더 깊이 있게 만드는 밑거름이 된다.

3단계: 적용하기

'적용하기'는 일상생활에서 느낀 점을 바탕으로 새로운 변화를 주고자 하는 한두 가지를 결심하는 단계이다. 결심한 내용이 본문과 논리적으로 깊은 연결 고리가 있으면 좋겠지만, 꼭 본문과 관계를 가지려고 노력할 필요는 없다. 중요한 점은 행동으로 옮길 수 있을 만한 구체적인 것으로, 단시간에 실천할 수 있는 내용을 결심하는 것이다.

이 훈련의 주된 목표는 반응력을 증진해 마음의 힘을 극대화하는 것이다. 만약 다른 사람의 심력을 키워준다는 명분하에 조언을 늘어놓는다면, 아직 받아들일 준비가 안 된 사람에게는 잔소리나 훈계로만 들릴 것이다.

그러나 3분 묵상의 1~2단계를 거쳐 마음이 잔잔해지는 느낌을 경험했다면 새로운 변화를 이룰 기회를 맞이한다. 바로 이때 3단계 '적용하기'를 통해 진취적이고 긍정적 삶의 자세를 가다듬을 수 있다.

반응력과 책임감은 바르게 설정한 인생 목표를 이루는 데 필수 불가결한 요소이다. 정말 가치 있고 의미 있는 목표라면 자신뿐 아니라 자신이 속한 사회와 인류에도 반드시 유익한 것이어야 한다. 이러한 목표를 이루기 위해서는 다른 사람의 기쁨과 행복에 기쁜 마음으로 박수를 보내며, 다른 사람의 아픔에 기꺼이 공감하는 마음의 힘이 필요하다.

마음의 힘은 3분 묵상법에서 살펴본 것처럼 글로 주어지든, 실생활의 사건으로 주어지든, 자극을 받으면 깊이 사고하는 힘을 통해 길러진다. 즉, 지식의 내면화 작업으로 이룰 수 있다.

❸ 풍부한 정서력 - 상상력과 창의력을 극대화하는 정서 활동

신체 기관 중 마음이 어디에 있다고 생각하는가? 이 질문을 받으면 사람들은 보통 두 가지 중 하나를 답한다. '가슴'과 '머리'이다. 그런데 의학자들의 이론에 의하면 인간의 마음은 두뇌brain 기능과 연관된다고 한다. 그러므로 인간의 마음 힘을 극대치까지 계발하는 방법을 연구할 때 두뇌 구조도 잠시 살펴볼 필요가 있다.

두뇌는 잘 알려진 대로 왼쪽 뇌와 오른쪽 뇌로 구성되고, 각각의 기능과 역할이 서로 다르다. 상상력과 창의력은 주로 오른쪽 뇌의 활동에 따라 발현된다. 천재 중 대다수는 오른쪽 뇌가 평범한 사람보다 크게 발달했으며, 오른쪽 뇌가 왼쪽 뇌를 지배했음이 알려졌다.

최근 뇌생리학자들의 이론에 의하면, 오른쪽 뇌에는 선천적 기능이 있기 때문에 인류에 대대로 물려오는 지혜가 오른쪽 뇌에 저장되어 있다고 한다. 비록 이 이론이 100% 확실한 것은 아니라 할지라도, 오른쪽 뇌의 활성화가 창의력을 극대화하는 데 중요한 역할을 한다는 것은 분명한 사실이다.

오른쪽 뇌를 활성화하는 방법 중 하나는 예능 활동을 통해 정서를 풍부히 하는 것이다. 악기를 연주하거나 클래식 음악을 듣는 것, 혹은 아름다운 자연 속에서 산책하거나 그림을 감상하는 등 정서 활동에 몰입하면 오른쪽 뇌에서 뇌파가 활발하게 작용한다. 바로 이럴 때 창의력이 극대화된다.

칸트의 경우, 정한 시간에 산책하면서 사상의 깊이를 더했다. 아인슈타인은 잘 알려진 대로 유명한 바이올린 연주자였고, 슈바이처는 오르간 연주자였다.

그동안 우리는 막연하게 '정서 활동이 좋은 것은 알지만 업무 능률을 올리거나, 능력을 극대화하는 데 직접적인 도움을 주기보다는 시간을 낭비하는 게 아닐까?'라고 회의가 들곤 했다. 그러나 정서 활동은 마음을 풍부하게 할 뿐 아니라 창의력에도 큰 영향을 준다.

영국의 케임브리지대학에서는 그동안 노벨상 수상자가 100여 명 이상 나왔다. 대부분 명문가 출신인 학생들은 어릴 때부터 음악, 미술 등 정서 활동에 중요한 가치를 두고 교육받아왔기 때문에 상상력과 창의력 면에서 우리와는 비교도 안 될 정도로 월등하게 앞서 있다.

이와 같이 풍부한 정서력은 상상력과 창의력을 자극해 많은 열매를 맺도록 도와준다. 그뿐만 아니라 마음을 안정시켜 심신의 피로를 풀어주고, 삶에 영감을 불어넣는 청량제 역할을 하기도 한다.

1. 구체적 활동 사례

- 정서를 풍부하게 하기 위해 최소 하루 15분 정도 오른쪽 뇌를 자극하는 활동에 시간을 투자하면 좋다.

2. 적극적 정서 활동

- 악기 연주(피아노, 첼로, 플루트, 바이올린 등)
- 그림 그리기
- 산책하며 자연 즐기기

3. 가벼운 정서 활동

- 클래식 음악 감상하기
- 그림 감상하기
- 자연을 멀리서 응시하기

④ 긍정적 사고방식 – 인생을 가치 있는 일에 헌신하는 것

맡은 일을 잘하기 위해서는 열정이 있어야 한다. 그 열정은 과연 어디에서 나올까? 과거 일제에 항거해 목숨을 던진 애국자는 어떻게 그런 행동을 할 수 있었을까? 무엇이 그들에게 그런 뜨거움을 갖게 해주었을까? 그것은 '남을 위한 삶'이라는 요소이다. 그들은 '조국'이라는 '남'

을 위해 자신의 삶을 송두리째 던지는 열정을 소유했다. 만일 그들이 자기만 잘 먹고 잘 살고 싶다는 동기를 가지고 뭉쳤다면 그런 열정은 결코 갖지 못했을 것이다.

자녀를 공부시킬 때, 부모는 동기를 유발하는 의미에서 이렇게 말한다. "공부를 잘해야 이다음에 잘 먹고 잘 산다." 거기에 한술 더 떠서 "우리는 신경 쓸 것 없다"라고 한다. 잘 먹고 잘 살기 위해 공부하는 것이라며 부모나 가족, 사회, 국가, 민족, 인류는 언급하지 않는다. 이런 태도는 정말 무서운 결과를 초래할 수 있다. 이렇게 자라난 아이에게서는 효도를 기대할 수 없다. 자기만 잘 먹고 잘 살려는 아이가 부모에게 효도하리라고 기대하는 것은 어리석은 생각이다.

우리는 자녀나 다음 세대를 이끌어갈 아이들에게 남을 위하는 삶의 중요성을 일깨움으로써 이웃과 사회, 국가에 대한 봉사와 희생정신을 심어주고, 현재 일에도 최선을 다하도록 도울 수 있다. 공부하는 이유, 일하는 이유는 나 자신을 포함한 가정과 사회, 민족, 조금 더 나아가 인류를 위한 것이어야 한다. 이런 생각을 한다면 자신의 삶에 강한 책임감과 의지를 갖게 될 것이다.

최근 의학자들의 이론에 따르면, 뇌에는 모르핀보다 다섯 배나 강한 '뇌 내 모르핀'을 생산하는 부위가 있다고 한다. 그런데 흥미로운 것은 이 뇌 내 모르핀은 오로지 가치 있는 일에 자신을 던질 때 분비된다는 사실이다. 마약이나 섹스 등 육체적 쾌감을 주는 모르핀 성분은 금세 격감해 오히려 허탈감과 불쾌감을 주지만, 가치 있는 일에 헌신할 때 분비되는 이 호르몬은 즐거움이 아주 오랫동안 지속되어 스스로를 고양한다고 한다.

남을 위한 삶을 사는 사람은 이러한 진정한 기쁨과 함께 삶의 효율을 아는 사람이다. 남을 위한 삶은 의식 변화를 불러오는 꾸준한 훈련이 뒤따라야 체질화할 수 있다. 3분 묵상법 훈련은 이를 위한 좋은 수단이다.

⑤ 바른 세계관 – 마음속에 심어주는 정보 저장 시스템

마음의 힘을 길러주는 다섯 번째 원리는 '지식을 내면화해 나의 것으로', 즉 바른 세계관을 만드는 것이다. 이는 심력의 최종 목표이기도 하다. 결국 앞의 네 가지 원리, 곧 삶의 목표 확립을 통해 분명한 인생 설계도를 만들고, 반응력과 책임감을 기르며, 풍부한 정서력을 통해 상상력과 창의력으로 생동감을 갖고, 남을 위한 삶으로 생에 대한 깊은 열정을 갖게 되면 궁극적으로 심력을 통해 배양하고자 하는 다섯 번째 원리에 도달한다.

조직화하지 않은 지식은 컴퓨터에 저장되지 않고 화면에만 떠 있다 사라지는 데이터와 같다. 주변 정보가 삶으로 옮겨가는 과정이 취약하기 때문에 변화를 느끼지 못하고 금방 사라져버리는 것이다. 이때 필요한 것이 '저장 시스템'인데 이는 마음의 힘을 통해 접근해야 할 과제이다. 깊은 묵상을 통해 진리를 되새겨보는 과정이 마음의 저장 시스템을 만드는 초석이 될 것이다.

3

체력
– 진리를 실천하는 몸의 힘

5차원 전면교육의 체력은 궁극적으로 '바른 삶을 실천할 수 있는 몸의 힘'을 갖추도록 하는 것이다. 한 사람이 좋은 방법으로 지력을 향상하고, 심력을 통해 지적 요소를 내면화해 자기 것으로 만들었다 할지라도 그것을 구체화하고, 현실화하기 위해서는 육체 활동이 반드시 뒤따라야 한다.

아무리 의욕이 넘치고 두뇌가 총명하더라도 건강하지 않으면 결코 일을 성사시킬 수 없는 것이다. 즉, 지력과 심력의 요소가 체력과 유기적 관계를 맺으면서 인간의 능력이 표출된다고 볼 수 있다.

능력을 극대화하기 위해 건강은 아무리 강조해도 지나치지 않을 만큼 매우 중요하다. 한 일간지에서 발표한 설문 조사 자료에 따르면 '당신의 최대 관심사는 무엇인가?'라는 질문에 응답자 중 절반에 가까운 47%의 사람이 '건강'을 꼽았다. 그런데 역설적이게도 건강에 이렇게 관심이 많은데도 자신이 건강하다고 생각하는 사람은 절반에도 못 미치고, 건강을 관리하려 해도 돈과 시간이 없어 실천하는 데 부담을 많이 느낀다는 것이다.

균형 잡힌 영양 섭취, 충분한 휴식, 보약 등 건강을 지키기 위한 많은 것이 있지만, 그보다 더 근본적인 것은 몸의 특성을 잘 파악해 평소 효과적인 운동을 규칙적으로 꾸준히 하는 것이다.

효과적인 운동이란 한 부위에만 치우치기보다는 몸 전체를 조화롭게 하는 운동이다. '5차원 건강법'은 건강의 핵심 요소를 골고루 계발할 수 있도록 고안했다. 단 몇 분간의 간단한 동작으로 구성한 5차원 건강법을 꾸준히 실천함으로써 삶에 근본이 되는 건강한 몸을 만들자.

체력이란 다른 측면에서는 육체를 바르게 지키는 힘이다. 최근 사이버 문명이 발달하면서 육체를 노리는 유혹이 많아졌다. 지금 시대는 깨끗하게 몸을 지켜야 한다고 얘기하는 사람이 적을 뿐 아니라, 애써 바르게 몸을 유지하려 노력하는 것도 쉽지 않다. 통계에 의하면 남자 청소년의 경우 '성$_{sex}$'이라는 주제를 1시간에 6회 이상 생각한다고 한다. 말초신경을 자극하는 문화에 24시간 노출되기 때문에 몸을 바르게 지키는 것이 이렇듯 어렵다.

그러나 아무리 몸이 건강하다 해도 함부로 쓴다면 자신을 망칠 뿐 아니라 남을 해치기도 하므로 육체를 바르고 깨끗하게 유지하도록 노력해야 한다. 진정한 체력이란 건강한 몸을 깨끗하고 바르게 유지하려는 윤리성이 함께할 때 의미가 있다. 따라서 체력을 다룰 때는 몸에 대한 윤리적 문제를 논의하는 것과 그에 알맞은 교육도 필요하다.

❶ 5차원 건강법

건강의 다섯 가지 핵심 원칙

사람들은 대부분 건강을 지키기 위해서는 무조건 운동을 열심히 해야 한다고 생각한다. 그러나 열심히 하는 것보다 더 중요한 것은 자신이 건강하지 않은 경우, 그 원인을 파악하는 것이다. 특히 원래 몸이 약한 사람은 운동을 너무 열심히 하면 몸이 더 약해질 수도 있다. 무조건 열심히 하기 전에 먼저 몸이 약해지고 건강하지 않은 이유를 살펴보고, 그 대안으로 건강을 증진하는 방법을 찾아야 한다. 몸이 건강을 잃는 데는 크게 두 가지 원인이 있다.

첫째, 신체 구조가 왜곡되었기 때문이며 둘째, 몸의 세포에 독소가 남아 있기 때문이다. 이 두 가지 문제를 해결한다면 건강을 최대로 증진할 수 있다. 다음에 제시한 다섯 가지는 이 두 가지 문제점을 해결하는 데 필요한 효과 높은 원칙이다.

첫째, 바른 자세가 필요하다

평소 좋지 않은 자세를 취하면 알게 모르게 척추가 굽는다. 굽은 척추는 신경계를 병들게 하고 내장을 압박한다. 엑스선으로 척추를 찍어 보면 굽은 척추가 내장과 신경계를 얼마나 압박하는지 확인할 수 있다.

자세가 바르지 않은 사람이 자세를 바로잡는 것은 곧 그 사람의 건강을 회복하는 가장 근본적인 길을 마련하는 것이다.

둘째, 부드러운 관절이 필요하다

신체를 유지하는 중요한 요소 중 하나는 뼈와 뼈 사이 관절이다. 우리 몸은 관절을 통해 모든 순환기가 연결되어 있다. 그런데 몸 구석구석에는 거의 움직이지 않아 굳은 관절이 많다. 굳은 관절을 운동으로 부드럽게 해주면, 혈액순환이 잘되고 부드러운 몸으로 건강을 유지할 수 있다.

얼마 전 언론에 보도된 바에 따르면, 나이 든 분들이 지출하는 약값 중 관절염 치료 약값의 비중이 가장 크다고 한다. 젊을 때부터 적절하게 운동해야 노년까지 건강하고 유연한 몸을 유지할 수 있다.

셋째, 눈 · 코 · 귀 · 입 · 목 등 오관을 튼튼히 해야 한다

오관은 피부의 보호를 별로 받지 못하고 바깥 공기와 직접 접촉하는 신체 기관이다. 따라서 잘못 관리하면 탈이 나기 쉽고, 온갖 질병이 몸에 침투하는 경로가 되기도 한다. 오관이 건강하면 축농증, 편도선, 감기, 비염 등에서 해방되고 상쾌하게 생활할 수 있다.

넷째, 규칙적인 배변 습관이 중요하다

우리는 보통 건강을 유지하기 위해서는 잘 먹어야 한다고 생각한다. 그러나 무엇을 먹느냐는 문제보다 더 중요한 것은 배변 습관이다. 내장 운동으로 내장을 강화하고 부드럽게 해줌으로써 규칙적으로 배설하는 것이 건강 유지에 아주 중요하다. 배변 습관이 좋지 않거나 불규칙한 배설로 변비가 생기면 몸에 독소가 남아 건강을 해친다.

다섯째, 숙면해야 한다

잠을 깊이 자는 사람은 하루 종일 활동을 통해 체내에 축적된 피로 물질과 독소가 깨끗이 순화되어 다음 날도 원활하게 활동할 수 있다. 6시간만 자면 피로가 풀리는 사람이 7~8시간 잔다면 그 사람은 '시간'이라는 생명을 매일 죽이며 사는 것이다. 반면 6시간을 자야 피로가 풀리는 사람이 5시간만 잔다면 어떻게 될까? '건강'이라는 생명을 하루하루 깎아먹으면서 사는 셈이다. 따라서 숙면을 통해 짧은 시간 동안 피로를 푸는 힘을 기르는 것이 중요하다.

자세를 바로잡는 데 효과적인 척추 운동법

여기 소개하는 네 가지 운동은 매우 간단하면서도 척추를 바르게 하고, 나아가 몸을 건강하게 유지하는 데 필요한 기본동작이다. 이 동작들을 익숙해질 때까지 꾸준히 연습한 다음 매일 7회씩 반복하며 약 5분간 운동해보자.

1. 허리 곧게 펴기

자세를 바르게 하기 위해서는 먼저 허리를 펴서 등뼈를 곧게 세워야 한다. 다음 그림을 보고 설명에 따라 허리 곧게 펴기 운동을 익혀보자.

① 발끝을 모은다.
② 두 손을 깍지 끼고 아랫배 부분에 편안하게 둔다.

③ 코로 가늘고 고르게 호흡을 들이마시며 깍지 낀 손을 서서히 위로 올리면서 손바닥이 천장을 향하게 최대한 위로 뻗는다.

④ 깍지 낀 손을 최대한 위로 뻗은 상태에서 5초간 동작을 멈추되 호흡도 멈춘다.

⑤ 이때 발뒤꿈치도 들어 몸 전체를 최대한 뻗는다.

⑥ 깍지 낀 손을 처음 위치로 서서히 내리면서 발뒤꿈치도 내려 원래 상태로 돌아간다.

⑦ 원위치로 동작을 되돌리면서 숨을 입으로 최대한 가늘고 고르게 내쉰다(숨소리가 들리지 않도록 한다).

⑧ 이 동작을 7회 반복한다.

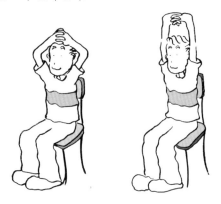

2. 허리 뒤로 젖히기

사람들은 보통 좋지 않은 자세로 공부를 하거나 일을 하기 때문에 상체가 앞으로 굽어 있다. 평소 몸이 개운치 않을 때 기지개를 켜면 심신이 매우 상쾌해지는 것을 경험한 적이 있을 것이다.

이 운동은 기지개 효과를 극대화하고 척추를 곧게 펴서 좋지 않은 자세를 교정해준다.

① 양발을 어깨너비로 벌리고 선다.
② 두 손을 허리 뒤에 자연스럽게 댄다.
③ 코로 가늘고 고르게 호흡을 들이쉬면서
   양어깨와 팔꿈치를 최대한 날개를 펴듯
   젖히되, 뒤쪽 천장과 벽이 보일 정도로
   상체를 뒤로 넘긴다.
④ 완전히 젖힌 상태에서 5초간 동작을
   멈추되, 호흡도 멈춘다.
⑤ 이때 시선은 뒤편 천장과 벽의 경계선에 둔다.
⑥ 서서히 젖힌 양어깨와 팔꿈치, 상체를 원래 상태로 되돌린다.
⑦ 원위치로 동작을 되돌리면서 숨을 입으로 최대한 가늘고 고르게
   쉰다(숨소리가 들리지 않도록 한다).
⑧ 이 동작을 7회 반복한다.

3. 허리 굽혀 뻗기

규칙적으로 운동하지 않으면 몸이 굳어 유연성이 떨어진다. 몸이 얼마나 유연한지 쉽게 알아보는 방법은 서서 다리를 곧게 펴고 허리만 굽혀 손바닥을 자신의 발가락 끝까지 내려 뻗는 것이다. 허리 숙여 뻗기 운동을 2~3주간 계속하면 몸이 부드러워진다. 이때 굳은 몸에 갑작스럽게 무리를 주는 것은 좋지 않다. 자신이 할 수 있는 것보다 약간만 더 굽히면서 서서히 유연성을 기르는 것이 좋다.

① 발끝을 모으고 선다.

② 두 손을 천천히 벌려 위로 쭉 올리면서 모으고, 다시 상체를 최대한 숙이면서 모은 두 손을 (수영 선수가 출발선에서 몸을 구부리듯) 아래로 내려 뻗는다. 이 동작을 시작하면서 코로 가늘고 고르게 호흡을 들이쉰다.

③ 손바닥이 바닥에 닿을 정도로 최대한 몸을 숙인다.

④ 몸을 최대한 숙여 뻗은 상태에서 5초간 동작을 멈추되, 호흡도 멈춘다.

⑤ 이때 무릎을 굽혀서는 안 되며, 시선은 무릎 쪽 방향에 둔다.

⑥ 5초가 지난 다음에는 서서히 손과 상체를 처음 위치로 서서히 되돌린다.

⑦ 원위치로 동작을 되돌리면서 숨을 입으로 최대한 가늘고 고르게 내쉰다(숨소리가 들리지 않도록 한다).

⑧ 이 동작을 7회 반복한다.

4. 몸통 돌리기

사람에게 척추 건강은 무엇보다 가장 기본적인 부분이다. 앞의 세가지 동작은 척추를 상하로, 앞뒤로 풀어주는 훈련이었다. 몸통 돌리기는 척추를 좌우로 효과적으로 뒤틀어줌으로써 굳어진 척추 뼈를 풀어준다. 동작이 다소 까다롭지만, 다음의 그림을 보면서 찬찬히 연습해보자.

① 양 발끝을 어깨너비로 벌리고 선다.

② 손 모양을 달걀 하나 쥔 듯한 모습으로 동그랗게 만든다.

③ 코로 가늘고 고르게 호흡을 들이쉬며 양손을 서서히 왼쪽으로 돌리면서 몸통 전체가 척추를 중심으로 최대한 왼쪽으로 회전하도록 한다.

④ 최대한 왼쪽으로 몸통을 돌린 후, 왼손을 오른쪽 허리띠 아래 바지 주머니 위치에 대고, 오른손을 왼쪽 바지 주머니 위치까지 대면서 시선은 오른쪽 발뒤꿈치를 보도록 한다.

⑤ 이때 발바닥이 움직여서는 안 되며, 다리는 고정시킨 상태를 유지한다.

⑥ 5초간 호흡과 동작을 모두 멈춘 다음 서서히 손과 몸통을 원래의 상태로 되돌린다.

⑦ 원위치로 동작을 되돌리면서 호흡을 입으로 최대한 가늘고 고르게 내뱉는다(숨소리가 들리지 않도록 한다).

⑧ 같은 동작을 반대 방향으로 똑같이 되풀이한다.

⑨ 이 동작을 7회 반복한다.

1부터 4까지 동작을 연속으로 매일 꾸준히 하되, 처음에는 1~2회씩 하다가 익숙해지면 최소한 7회씩 반복해 매일 훈련한다. 전체 훈련 시간은 5분 정도로 맞춘다.

몸을 유연하게 해주는 관절 운동

건강을 유지하기 위한 두 번째 요소는 유연한 몸이다. 몸 전체를 유연하게 해줌으로써 혈액과 에너지의 흐름을 활성화해야 한다. 그 핵심 방법은 200여 개 이상인 관절을 부드럽게 풀어주는 것이다. 혈관은 대개 관절을 통해 몸 구석구석까지 뻗어 있기 때문에 관절이 부드럽지 않으면 우선 혈액순환에 문제가 생긴다. 손발이 차가운 사람은 몸 끝까지 혈액이 원활히 공급되지 않기 때문이다. 이제부터 같이 배울 핵심적인 다섯 가지 관절 운동을 통해 몸을 유연하게 만들어보자.

1. 발끝으로 '마馬' 자 쓰기

관절 중에는 평소 거의 움직이지 않아 굳은 경우가 많다. 특히 발목, 발가락 관절은 운동을 거의 하지 않는다. 발끝으로 글씨를 쓰면 자연스럽게 발목 관절이 풀린다. 이와 같이 관절을 풀어주면 혈액순환이 발끝 구석구석까지 원활하게 이루어져 온몸이 개운해지고 부드러운 몸을 유지할 수 있다.

발가락 관절 풀기

① 자리에 앉아 한쪽 발을 다른 쪽 무릎 위에 올린다.
② 발가락을 잡고 앞뒤로 움직이거나 회전시키며 발가락 관절을 풀어준다.

발목 관절 풀기

① 의자에 앉은 상태에서 등을 기대고 엉덩이를 의자 뒤쪽으로 바싹 붙인다.

② 방바닥에 발뒤꿈치를 붙이고 발끝으로 '말 마馬' 자를 쓴다.

③ 이때 획을 최대한 크게 그려야 한다. 종아리 부분이 땅기고 얼얼할 정도로 확실하게 긋는다.

④ 이 동작을 7회 반복한다.

馬

2. 무릎 돌리기

사람은 직립보행을 하기 때문에 무릎을 제대로 보호하지 않으면 관절에 이상이 생긴다. 긴 세월 동안 윗몸의 하중으로 관절 사이에 자리한 '반월판半月板'이라는 인대가 손상되는 것이다. 따라서 무릎 관절이 부드럽고 원활해지도록 꾸준히 노력해야 한다. 다음과 같은 방법으로 무릎 관절 운동을 하면 관절이 유연해지는 동시에 지방 제거 효과까지 얻을 수 있다.

① 발을 모으고 서서 두 손을 각각 무릎에 얹는다.

② 무릎을 굽혀 쪼그려 앉듯이 엉거주춤한 자세로 무릎을 왼쪽에서 오른쪽으로 부드럽게 돌린다.

③ 이 동작을 7회 반복한 후, 오른쪽에서 왼쪽으

로 같은 방법으로 돌린다.

3. 허리 돌리기

허리는 직립 생활을 하는 인간이 신체 균형을 유지하는 대들보라고 할 수 있다. 중요한 만큼 빨리 노화된다. 허리에 항상 가벼운 통증을 느끼는 사람, 걸을 때 균형이 잡히지 않아 휘청거리는 사람, 한번 앉으면 일어나기 귀찮은 사람은 허리 노화가 시작되었다고 볼 수 있다. 허리에 노화 현상이 나타날 때는 허리 근육만 노화된 것이 아니라 내장, 특히 신장이 약해졌을 수 있다. 그러므로 척추를 부드럽게 풀어주는 것이 중요하다. 이를 위해 다음과 같은 방법으로 허리 관절을 풀어주는 허리 돌리기 운동을 한다.

① 양발을 어깨너비로 자연스럽게 벌리고 선다.
② 양손은 양쪽 허리에 그림과 같이 가볍게 얹는다.
③ 위에서 내려다보았을 때 배꼽 부분이 원을 그리며 몸통이 크게 돌 수 있도록 시계 반대 방향으로 7바퀴, 시계 방향으로 7바퀴 돌린다.
④ 이때 양발은 바닥에 고정해 움직이지 않도록 해야 한다.
⑤ 상체를 너무 숙여 엉덩이가 원을 그리지 않도록 주의한다.

4. 손목 비틀기와 어깨 돌리기

이번에는 손목과 팔꿈치 그리고 어깨 관절을 동시에 효과적으로 풀어주는 간단한 운동을 배우자. 관절이 부드러워지면 혈액순환이 잘되어 몸이 가뿐해진다.

손목과 팔꿈치 운동

① 양팔을 앞으로 쭉 뻗고, 왼손을 오른손 위로 교차해 깍지를 낀다.
② 깍지 낀 손을 가슴 쪽으로 당기면서 손목을 부드럽게 돌리고 얼굴 방향으로 올렸다가, 다시 앞으로 쭉 내뻗는다.
③ 이때 손깍지가 풀리지 않도록 해야 하며, 팔꿈치 관절이 뻣뻣해 잘 뻗어지지 않으면 무리하지 않도록 주의한다.
④ 이 상태로 잠시 멈추었다가, 다시 원상태로 천천히 팔을 되돌려 뻗는다.
⑤ 위 동작을 7회 반복하고, 이번에는 오른손을 왼손 위로 교차해 깍지를 끼고 똑같이 7회 반복한다.

어깨 관절 운동

① 몸의 힘을 빼고 반듯하게 앉는다.
② 권투 선수가 포즈를 취하듯 가볍게 주먹을 쥐고 팔꿈치를 앞쪽에서 뒤쪽으로 크게 회전하면서 부드럽게 어깨 관절을 돌린다.
③ 이 동작을 7회 하고, 반대로 뒤쪽에서 앞쪽으로 7회 돌린다.

5. 머리로 '봉鳳' 자 쓰기

이번에는 목 관절을 풀어주는 운동법을 배워보자. 목은 무거운 머리를 받치는 부위이기 때문에 다른 근육보다 몇 배 더 힘이 들게 마련이므로 목 관절과 근육이 뻣뻣해지기 쉽다. 그러면 딱딱해진 근육이 신경, 혈관 등을 압박하므로 혈액순환이 저하된다. 따라서 목 관절이 부드럽지 않으면 머리가 쉽게 무거워지거나 눈에 피로감을 느낀다. 이를 방지하기 위해 다음과 같이 목 운동을 해보자.

① 의자에 편안히 앉아 몸의 힘을 뺀다.
② 고개를 약간 뒤로 젖힌 상태에서 머리가 붓이라고 생각하며 획을 크게 그어가며 '새 봉鳳' 자를 쓴다.
③ 이때 고개를 지나치게 세게 돌려서는 안 되며, 부드럽고 크게 쓰도록 노력한다.

④ 이 동작을 7회 반복한다.

오관 튼튼하게 만들기

정말 건강한 사람은 근육만 단단한 것이 아니라, 오관(눈·코·귀·입·목)이 튼튼해 잔병이 없는 사람이다. 오관은 신체 기관 중 하루 종일 거의 쉬지 않고 사용하는 기관이다. 게다가 공해가 많은 외부에 노출되어 질병에 감염되기 쉽다.

주위를 살펴보면 의외로 오관에 문제가 있는 사람이 많다. 성인은 대부분 오관 중 한두 군데에는 꼭 문제를 안고 살아간다. 다음 증상 중 몇 가지나 해당하는지 확인해보자.

- 몸에 무리가 가면 편도선이 붓곤 한다.
- 목이 쉽게 잠기며 목감기에 자주 걸린다.
- 잇몸에서 피가 나는 경우가 간혹 있다.
- 치아에 통증을 느끼는 경우가 있어 괴롭다.
- 코가 막혀 코로 숨 쉬는 것이 힘든 경우가 있다.
- 알레르기성 비염을 앓은 적이 있거나 현재 앓고 있다.
- 축농증이 있다.
- 눈이 침침할 때가 있다.
- 현재 안경이나 콘택트렌즈를 착용한다.
- 귀에 질병이 있다.

이러한 증상은 평소 오관을 다스리는 건강법을 익히지 않아 효율적으로 관리하지 못했기 때문에 나타난다. 이제 소개하는 5차원 건강법의 오관 운동 원리를 잘 파악하고 운동법을 익혀 튼튼한 오관으로 하루하루를 건강하게 보내자.

1. 눈 운동

눈의 피로를 풀기 위한 운동을 함께해보자. 그림과 같이 눈 주위 뼈를 네 손가락으로 누른다. 이 부위는 동양의학에서 말하는 청명, 동자료, 객주인 등 지압점이 있는 곳으로, 눈 건강을 강화하는 곳이다.

또 눈동자를 위, 아래, 대각선, 원 모양 등으로 움직여 안구 근육을 풀어준다. 눈의 피로가 풀리면 맑은 정신을 유지하게 되어 업무나 학습 효율을 극대화할 수 있다.

① 손가락 모양을 반달형으로 동그랗게 만든다.

② 네 손가락 끝으로 눈 주위 뼈 부분을 꾹꾹 지압하듯이 10회 이상 눌러준다.
③ 안구 주위 뼈의 윗부분과 옆 부분, 아랫부분을 골고루 자극한다.
④ 이때 안구 주위가 아플 정도로 강하게 눌러야 한다.
⑤ 안구 주위 누르기 운동을 마친 후에는 눈동자를 빠르게 상하로 10회 움직인다.
⑥ 눈동자를 왼쪽 위, 오른쪽 아래로 10회 움직인다.

⑦ 눈동자를 오른쪽 위, 왼쪽 아래로 10회 움직인다.

⑧ 눈동자를 시계 방향으로 10바퀴, 반 시계 방향으로 10바퀴 움직인다.

2. 코 운동

코가 건강하지 않으면 축농증 등 질병으로 책을 읽어도 머리에 들어오지 않고 조바심만 나며 일이 잘되지 않는다.

이 경우 세수하면서 코를 강화하는 간단한 방법이 있다. 감기 등으로 코가 막힌다든가 축농증 증상이 있는 사람은 다음과 같은 방법으로 코 주위 지압점을 계속 누르면 증상이 완화된다.

또 손에 소금물을 받아 콧속까지 깊이 빨아들여 깨끗이 씻어내면 축농증 치료에 도움이 된다.

① 세수할 때 가운뎃손가락을 코 양옆에 대고 위아래로 20회 정도 강하게 문질러 준다.

② 이는 매우 간단한 방법이지만 동양 의학에서 말하는 사백, 거료 등 지압점이 있어 이 부위를 눌러주면 코와 관계된 질병을 예방할 수 있고, 이미 질병이 있다면 증상이 완화된다.

3. 귀 운동

귀에는 약 200개의 급소가 모여 있다고 한다. 귀도 몸의 각 부위와 밀접하게 연결되어 있다. 특히 신장(콩팥)과 밀접한 관계가 있는데, 다음에 소개한 귀 운동을 열심히 하면 신장이 강화되어 이명(귀울림), 두통 등을 완화할 수 있다.

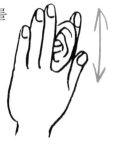

① 집게손가락과 가운뎃손가락 사이에 귓바퀴를 끼운다(세수할 때 집중적으로 하면 된다).

② 아래위로 30회 정도 세게 비빈다. 귓바퀴뿐 아니라 귀 언저리도 따뜻해질 정도로 마찰한다. 이렇게 하면 귀와 귀 언저리 전체의 혈액순환이 좋아진다.

③ 그다음에는 양 집게손가락을 귓구멍에 넣고 약하게 힘을 주어 누른다.

④ 2~3초 후 양 손가락을 동시에 뺀다. 이를 5회 반복한다. 이때 될 수 있는 대로 펑 하는 소리가 나도록 하면 귀가 시원해진다(단, 손톱을 짧게 잘 정돈해야 한다).

4. 치아와 잇몸 운동

이와 잇몸이 튼튼해야 음식도 잘 먹고 건강을 유지할 수 있다. 요즘 학생들은 인스턴트식품을 자주 먹으면서 치아 건강이 매우 위험한 상태에 이르렀다는 보고가 있다. 치아를 튼튼하게 하는 운동법을 알아보고 실천해보자.

약해진 치아를 강화하기 위해서는 이를 자극할 필요가 있다. 좋은 방법은 어금니를 서로 맞부딪쳐 자극을 주는 것이다. 치아 건강은 잇몸 건강과도 밀접한 관계가 있다. 잇몸이 건강해야 치아도 건강하기 때문이다. 잇몸도 마찬가지로 눌러서 자극을 주는 것이 좋다.

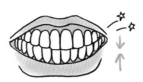

① 양치질을 마친 다음, 어금니를 아래위로 '딱딱딱' 20회 부딪친다.
② 같은 방법으로 앞니도 20회 부딪친다.

③ 잇몸을 강화하기 위해 혀로 잇몸 안쪽을 강하게 누른다.
④ 동시에 손가락으로 입 주변을 눌러 바깥쪽도 자극한다.

5. 혀와 편도 강화 운동

몸이 약한 사람 가운데는 약간 무리를 하거나 감기에 걸리면 편도선이 부어 고생하는 경우가 많다. 편도선이 부어 통증이 심하면 아무리 중요한 일이 있더라도 쉴 수밖에 없을 것이다. 일명 '사자후獅子吼'라고도 부르는 이 운동은 혀를 통해 편도를 자극해 긴장과 이완을 반복함으로써 혀와 목을 강화한다.

① 세수를 한 후 거울에 비친 자신의 얼굴을 조용히 본다.
② 눈을 크게 부릅뜨고 동시에 혀를 내밀어 턱 쪽으로 최대한 길게 늘어뜨린다.
③ 이때 턱은 목 쪽으로 최대한 잡아당긴다.

④ 2번과 3번 동작은 동시에 이루어져야 한다. 혀를 최대한 길게 늘어뜨린 상태로 약 5초간 멈춘 다음, 혀를 집어넣는다.

⑤ 이 운동을 7회 반복한다.

⑥ 이 운동을 제대로 하면 목이 뻐근거리고 아프다. 살살 하면 효과가 없으므로 목이 약간 아플 정도로 해야 한다.

규칙적인 배변 습관 – 독소 제거법 ┃

신체 구조는 매우 신비롭다. 몸을 구성하는 가장 작은 단위인 세포는 완벽한 재생산 구조를 갖추었기 때문에 논리적으로는 노화하지 않는다. 그러나 현실에서는 세포가 노화되고, 그 결과 인간은 늙고 죽을 수밖에 없다. 왜 세포가 노화하는 걸까? 그것은 몸에 유입된 독소가 제거되지 않고 남기 때문이다.

이번에는 독소를 제거해 건강하고 활기찬 몸을 유지하고 관리하는 방법을 살펴보자.

1. 배 문지르기

영양을 과다하게 섭취하면 몸에 독소가 쌓이고, 세포 노화가 가속된다. 하지만 식사법이 적절하지 않아 과다한 양을 섭취했다 하더라도, 내장이 튼튼해서 모든 음식물을 소화해 깨끗이 배설하는 능력이 있다면 몸에 독소가 남지 않는다.

하지만 현대인은 대부분 불규칙하거나 과다한 식사량 등으로 내장이 그다지 튼튼하지 않다. 따라서 내장을 튼튼하게 만들어 어떤 음식물이 들어오더라도 잘 소화하고 배설하도록 하는 비결을 알아보자.

① 온몸의 힘을 빼고 누워 손바닥으로 배를 골고루 부드럽게 문지른다(피부에 직접 손바닥이 닿도록 한다).
② 배꼽을 중심으로 손바닥을 시계 방향으로 돌리는데, 최소한 100바퀴 정도를 돌린다(5분 정도).
③ 다음에는 엄지를 제외한 나머지 네 손가락 끝부분으로 배 전체를 살짝 눌러 통증이 느껴지거나 딱딱하게 만져지는 부분이 있는지 찾아본다.
④ 그런 부분이 있을 경우 더 문질러 부드럽게 풀어준다.
⑤ 단, 너무 무리한 힘을 가하지 말고 가볍게 문질러야 한다. 이 운동을 꾸준히 하면 소화불량이나 변비 등을 예방할 수 있다.

2. 허리 주무르기

이번에는 허리 뒷부분을 자극해 신장 등의 장기를 강화하는 방법을 알아보자.

① 온몸의 힘을 뺀 상태로 엎드려서 등 아래쪽 한가운데 부분부터 네 손가락을 이용해 약간 힘을 가하며 서서히 누른다.

② 등을 누를 때는 입으로 길게 호흡을 뱉으면서 2~3초 정도 지그시 누르고, 뗄 때는 숨을 코로 깊이 들이마신다.

③ 이런 방법으로 아래에서 위로 올리기면서 등 전체를 손이 닿는 곳까지 반복해 누른다.

④ 이때 통증이 느껴지는 부분이 있으면 그곳을 부드럽게 계속 눌러 풀어준다.

3. 손가락 주무르기

음식을 급하게 먹고 체했을 때 엄지손톱 끝을 바늘로 따서 체증을 치료하는 방법이 있다. 손가락과 손이 내장과 긴밀하게 연결되어 있기 때문에 이런 치료가 가능하다. 그러므로 손과 손가락 운동을 통해 내장을 강화할 수 있다.

손가락 주무르기

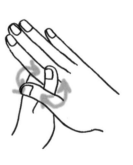

① 오른손 엄지와 검지 사이에 왼손 엄지손가락을 끼운다.

② 오른손으로 수도꼭지를 비틀 듯 10회 정도 좌우로 왼손 엄지를 자극한다.

③ 왼손 엄지손가락 뿌리 부분에서 시작해 점점 위로 올라가면서 자극한다.

④ 같은 방법으로 열 손가락 모두 주무른다.

손가락 끝 자극하기

① 손가락 끝으로 책상 바닥을 가볍게 두
   드리는 것도 손가락을 자극하는 데 큰
   효과가 있다.

② 마치 피아노 건반을 두드리듯이 책상
   을 30회 정도 반복해 톡톡 두드린다.

4. 발 주무르기

사람이 죽을 때는 발부터 식는다고 한다. 발은 가장 먼저 노화하는 신체 기관이다. 따라서 발 건강은 몸 전체 건강과 직결되는데, 특히 발은 손과 마찬가지로 내장과 긴밀하게 연결된 '경락經絡'이 모여 있으므로 틈틈이 발을 자극해 내장을 강화할 수 있다.

① 의자에 앉아 몸의 힘을 빼고 오른발을 왼쪽 허벅
   지 위에 얹는다.

② 왼손 엄지와 검지로 엄지발가락부터 좌우로 수
   도꼭지를 비틀 듯이 비튼다. 열 발가락 모두
   이와 같은 방법으로 약 10회 비튼다.

③ 그리고 난 다음 주먹을 쥐고 발바닥을 골
   고루 10회씩 두드린다.

④ 왼발도 같은 방법으로 한다.

5. 온몸 두드리기

상쾌하고 가뿐하게 하루를 시작하기 위해서는 이완된 몸을 활동하기에 적합한 상태로 만들어야 한다. 그러기 위해 가장 좋은 방법은 아침에 일어나 활동하기 전에 잠자리에 앉아 몸을 친친히 부드럽게 사근자근 두드려준다. 잠에서 깬 후 벌떡 일어나 급하게 활동하는 것은 건강에 매우 좋지 않다.

① 자리에 누운 상태에서 부드럽게 주먹을 쥐고 새끼손가락 옆면으로 상체부터 서서히 두드린다.

② 20초 정도 상체를 골고루 두드리면 잠에서 쉽게 깨어난다.

③ 이번에는 앉아서 허벅지, 배, 허리, 가슴, 어깨 목, 마지막으로 머리를 가볍게 두드린다.

④ 매일 아침 이 운동을 꾸준히 하면 각종 내장을 자극해 활기차게 하루를 시작할 수 있다.

숙면하기 - 독소 제거법 II

노화를 가속하는 또 하나의 독소는 낮에 활동할 때 체내에 유입된 독소다. 활동으로 쌓인 피로의 독을 푸는 가장 좋은 방법은 '깊은 수면'을 취하는 것이다. 만일 깊은 수면을 취할 수 없다면 오랜 시간을 침대에서 보내고, 피로를 풀지 못한 채 다시 활동하게 되어 결국 몸의 효율이 극도로 저하될 수밖에 없다.

따라서 지금 다룰 수면법은 건강을 유지하는 데 중요한 핵심이다. 우리는 일생의 3분의 1 정도를 잠을 자면서 보내므로 어떻게 자는 것이 가장 유익한지 알아두어야 한다. 먼저 수면과 관련한 두 가지 원칙을 보자.

첫째, 깊이 자는 것이다. 낮에 쌓인 피로를 푸는 방법은 근본적으로 충분히 잠을 자는 것뿐이다. 피로는 모든 병의 근원이다. 우리 몸은 피로를 완전히 풀 때까지 자야 하는데, 만약 깊이 못 자면 오랫동안 자야 한다. 그러나 우리가 깊이 잘 수 있다면 수면 시간이 짧아도 피로를 풀 수 있다.

둘째, 자신에게 적합한 시간만큼 자는 것이다. 8시간 이상 자야 피로가 풀리는 사람이 있고, 5시간만 자도 충분한 사람이 있다. 중요한 것은 피로를 푸는 데 필요한 수면 시간을 알아내는 것이다. 적정 시간보다 더 자면 시간을 낭비하는 것이 되고, 덜 자면 피로를 풀지 못하기 때문에 건강을 해친다.

이제부터 깊은 잠을 잘 수 있는 구체적 방법을 알아보자.

1. 발바닥 두드리기

수면법 훈련의 첫 단계는 몸에 대한 올바른 이해에서 출발한다. 깊은 잠을 잘 수 없는 이유 중 하나는 두뇌 쪽 혈액순환이 활성화되어 머리가 쉴 수 없기 때문이다. 이는 침실 구조와 깊은 관계가 있다. 머리 쪽이 따스하고, 발 쪽이 서늘하면 깊은 잠을 자는 것을 방해하는 구조이다. 반대로 머리는 서늘하고 발은 따뜻한 침실 구조가 좋다. 이런 상태를 한자로는 '두한족열頭寒足熱'이라고 표현한다.

그런데 인위적으로 침실 구조를 이렇게 유지하기란 쉽지 않다. 이럴 때는 아주 쉽게 몸 상태를 바꾸는 좋은 방법이 있다. 발바닥 가운데를 주먹으로 약간 강하게 50회씩 두드리는 것이다. 이렇게 하면 혈액이 하체 쪽으로 이동해 긴장이 풀리면서 쉽게 잠들 수 있다.

① 몸의 힘을 빼고 침대에 바른 자세로 앉는다.
② 왼쪽 발을 오른쪽 무릎 위에 얹고 발바닥이 위로 향하게 놓는다.
③ 오른손 주먹을 쥐고, 왼쪽 발바닥의 Y자로 갈라진 부위(용천혈)를 세차게 50회 두드린다.
④ 반대쪽도 같은 방법으로 50회 두드린다.
⑤ 용천혈을 자극하면 혈액이 그곳으로 집중해 두한족열 효과를 얻을 수 있다.
⑥ 이번에는 침대에 누워 머릿속으로 '발은 따스하고, 머리는 시원하다'고 상상하면서 잠을 청한다.

2. 마음의 힘 빼기

깊은 잠에 빠져들기 위해서는 현재 마음속에 자리한 여러 (부정적이든 긍정적이든) 상념을 빨리 털어내야 한다. 그러면 어떤 방법으로 우리 마음을 정리할 수 있을까? 바로 심호흡이다. 침대에 누워 몸의 힘을 빼고 복식호흡으로 심호흡을 계속하는 것이다.

의학자들의 연구에 의하면, 심호흡을 반복하면 혈관 지름이 약간 늘어나 혈압을 떨어뜨린다고 한다. 혈압이란 혈액이 혈관을 지나면서 혈관 벽을 밀어내는 압력을 말하는데, 혈관 지름이 확장되면 자연스럽게 혈압을 아주 미세하게 떨어뜨리는 효과를 낸다.

화가 나면 "혈압이 오르네!"라고 말하는데, 의학적으로 맞는 표현이다. 사람이 흥분하면 단시간에 혈압이 무려 250까지 오를 수 있다.

마음이 복잡해 상념에 빠졌을 때 이를 풀어주고 안정시키기 위해서는 단순히 마음을 수련하는 것보다 몸 상태를 안정시키는 것이 훨씬 빠르고 효과적이다.

① 자리에 편안히 누운 상태에서 양손을 배꼽 아랫부분에 올린다.
② 숨을 가늘고 고르게 코로 내쉬며(3~5초) 배가 아래로 꺼지도록 복식호흡을 한다.
③ 이번에는 숨을 가늘고 고르게 코로 들이쉬면서(3~5초) 배가 볼록해지도록 한다.
④ 숨을 멈추지 않고 이 과정을 계속 반복하면 깊은 수면에 쉽게 빠져들 수 있다.

3. 몸의 힘 빼기

지하철이나 버스에서 조는 사람을 관찰해보면, 침을 조금 흘리는 경우가 간혹 있다. 깊은 잠을 자면 근육의 힘이 다 빠져버리기 때문이다. 자면서 침을 흘리는 것은 안면 근육의 힘이 모두 빠졌기 때문이나.

깊은 수면을 취하기 위해서는 의도적으로 몸을 이완하면 큰 도움이 된다. 몸을 깊이 잠들 수 있는 상태로 만들어놓으면 잠에 빠져드는 시간이 훨씬 빨라진다.

다음 설명을 따라 하며 몸의 근육을 이완하는 방법을 배워보자.

① 잠자리에 반듯이 누워 발가락 끝에서부터 근육의 힘을 의식적으로 뺀다.
② 먼저 발가락 힘을 빼고, 다음에는 발 전체, 다음에는 종아리, 허벅지, 허리 힘을 뺀다.
③ 다음으로 배, 가슴, 손가락, 손목, 팔뚝, 어깨 힘을 빼고 마지막으로 얼굴 근육 힘도 뺀다. 이렇게 힘을 완전히 빼 편안한 상태를 만들면 깊은 잠을 잘 수 있다.

복식호흡을 하면 횡격막을 아래로 내리고 폐를 확장해 효과적으로 심호흡을 할 수 있다. 복식호흡이란 코로 숨을 길고 고르게 들이쉴 때 배꼽에서 약 3~4cm 내려간 아랫배를 서서히 불룩 나오도록 내미는 호흡법이다. 이때 아랫배에 의식을 집중하고 호흡하면 더 큰 효과를 낼 수 있다.

3초 호흡법이란 숨을 들이쉴 때 3초 동안 고르고 길게 유지하고, 숨을 내쉴 때 3초 동안 고르고 길게 호흡하는 방법을 말한다. 단, 숨을 들이쉬었다가 내쉴 때 중간에 멈추지 말아야 한다.

3초 호흡법은 복식호흡의 첫 단계 훈련이다. 지력과 심력, 체력을 동시에 키워주는 매우 유익한 종합 훈련이다. 3초 호흡을 반복하면 집중력이 눈에 띄게 높아진다. 뇌호흡도 이런 원리를 응용하는 것이다. 수면법에서 배웠듯 3초 호흡은 빠른 속도로 마음을 안정시킨다. 아울러 몸에 산소를 원활하게 공급하고, 내장을 강화하며 바른 자세를 취하게 해준다.

5차원 건강법 효과적으로 실시하는 방법

앞에서 설명한 5차원 건강법을 일상생활에서 모두 실천하는 것이 매우 복잡하고 어렵게 느껴질지 모른다. 하지만 이것들을 효과적으로 균형 있게 실천하는 방법이 있다.

1. 아침에 일어나자마자 온몸 가볍게 두드리기

잠에서 깬 후 갑자기 벌떡 일어나 급하게 활동하는 것은 건강에 매우 좋지 않다. 잠잘 때 이완된 근육을 활동할 수 있도록 준비시켜야 한다. 이를 위해 아침에 일어나 잠자리에 앉은 채 천천히 몸을 부드럽게 자근자근 두드린다. 부드럽게 주먹을 쥐고 허벅지, 배, 허리, 가슴, 어깨, 목, 머리 등을 가볍게 두드린다. 매일 아침, 이렇게 온몸을 두드리면 내장과 순환기 등을 자극해 활기차게 하루를 시작할 수 있다.

2. 세수하면서 오관 운동하기

오관 운동은 매우 간단하므로 아침에 세수할 때 쉽게 할 수 있다. 오관 운동을 매일 하면 눈의 피로, 축농증, 비염, 기억력 감퇴, 두통 등을 예방할 수 있다.

① 눈 운동: 눈 주위 뼈를 부드럽게 누른 다음 눈동자를 상하좌우, 대각선, 원 모양 등으로 돌려 안구 근육을 풀어준다.
② 코 운동: 코를 위아래로 20회 비빈다.
③ 귀 운동: 집게손가락과 가운뎃손가락 사이에 귓바퀴를 끼우고 아래위로 30회 비빈다.
④ 치아 운동: 어금니를 20회 딱딱 부딪치고 앞니도 20회 딱딱 부딪친다. 또 혀로 잇몸을 힘 있게 누른다.
⑤ 혀와 편도 운동: 혀를 턱 밑으로 최대한 내미는 사자후 방법으로 혀와 목 내부 편도를 강화한다.

3. 쉬는 시간에 바른 자세 취하기, 관절 운동

몸이 찌뿌둥하거나 피곤할 때 또는 휴식 시간마다 자세를 바르게 하는 운동을 반복한다.

① 허리 곧게 펴기 ② 허리 뒤로 젖히기 ③ 허리 숙여 뺀기 ④ 몸통 돌리기 등을 연속 동작으로 한다. 처음에는 1~2회로 시작해 익숙해지면 매번 7회 반복한다.

자세를 항상 바르게 할 수는 없다. 그러나 '바른 자세를 취하는 것이 중요하다'는 사실을 인지하면 언제든지 생각날 때마다 자세를 바르게 할 수 있다. 이런 의식을 갖는 것이 매우 중요하다.

몸에서 가장 중요한 세 부분을 삼수三腧(목, 손·발목, 허리)라고 한다. 삼수가 튼튼한 사람이 진짜 건강한 사람이다. 그런데 사람들은 평소 삼수를 잘 움직이지 않는다. 그래서 근본적으로 건강하지 않은 것이다. 앞에서 배운 관절 운동인 ① 발끝으로 '마馬' 자 쓰기와 발가락 돌리기 ② 무릎 돌리기 ③ 허리 돌리기 ④ 손목 비틀기와 어깨 돌리기 ⑤ 머리로 '봉鳳' 자 쓰기 등을 틈틈이 실시해 왜곡된 신체 구조를 교정하자.

4. 저녁에 하는 체력 단련

건강의 다섯 가지 핵심 원칙을 통해 건강의 기본을 닦으면서 체력을 보강하기를 원하는 사람은 하루에 10분 정도 다음 다섯 가지 운동을 하면 도움이 된다. 다 할 수 없으면 신체 중 가장 약하다고 생각하는 부위의 운동을 집중적으로 한다.

① 팔굽혀펴기 운동push up: 어깨와 허리, 팔 힘을 길러준다.

② 다리 굽히기: 다리 힘을 길러준다.

③ 윗몸일으키기: 허리 유연성을 길러주고 배의 지방을 제거해준다.

④ 허리 들어 올리기: 허리를 강하게 한다.

⑤ 물구나무서기: 근육과 장기를 자극하고 머리를 맑게 해준다.

5. 자기 전에 내장 운동, 호흡법, 수면법

자기 전에 잠자리에 눕거나 앉아 내장을 강화하는 운동인 ① 손바닥으로 복부 주무르기 ② 허리 주무르기 ③ 손가락 주무르기 ④ 발 주무르기와 발 두드리기 등을 종합적으로 한다. 이때 내장에 무리가 가지 않도록 최대한 부드럽게 실시해야 한다.

권투 시합을 보면 쉬는 시간에 코치가 선수의 운동복 허리끈을 앞으로 잡아당겨 심호흡을 하도록 도와주는 것을 볼 수 있다. 아주 짧은 시간에 선수의 체력을 끌어올리는 가장 효율적인 방법이 깊은 숨을 쉬는 것이기 때문이다. 내장 운동이 끝난 후 '고르고 길게, 복식호흡(3초 호흡)'을 한다.

그리고 깊이 잠자기 위한 ① 발바닥 두드리기 ② 마음의 힘 빼기(심호흡) ③ 몸의 힘 빼기 등 수면 훈련을 한다.

❷ 최대출력 운동

체력 훈련의 두 번째는 체력 증진 운동(법)이다. 첫 번째 5차원 건강법으로 기본(기초) 체력을 길렀다면, 두 번째로 기본 체력을 바탕으로 체력을 더 기르는 체력 증진 운동을 해야 한다. 현재 초·중·고등학교에서 실시하는 체력 검사 운동에는 50m 달리기, 팔굽혀펴기(중·고 남), 팔 굽혀 매달리기(중·고 여), 윗몸일으키기, 제자리멀리뛰기, 앉아서 윗몸 앞으로 굽히기, 오래 달리기-걷기(1,000m 초, 1,200m 중·고 여, 1,600m 중·고 남) 등이 있다. 이를 바탕으로 각자 체력과 능력에 맞게 체력 증진 운동 계획을 세워 지속적인 연습과 훈련으로 체력을 증진해야 한다.

③ 노동과 쉼

우리나라 헌법에는 모든 국민이 능력에 따라 균등하게 교육을 받을 권리를 가지며, 모든 국민이 근로의 권리와 의무를 진다고 규정한다. 따라서 대한민국 국민이라면 누구나 학교에서 공부해야 하고, 직장과 일터에서 일해야 한다. 그런데 학교와 직장에서 하는 학업이나 근로는 경쟁적일 수밖에 없다. 이 때문에 국민 모두 학교와 직장에서 스트레스를 받고 심신이 지치고 피로하기 마련이다. 이렇게 교육과 근로로 여러 가지 문제가 대두되고 있다.

그래서 본 교육에서는 '노동과 쉼 하기'란 교육 프로그램을 운영한다. 이 프로그램은 주기적으로 노동함으로써 건강을 유지·관리할 수 있게 한다. 또 주기적으로 쉼 하기를 하여 쌓인 스트레스와 지치고 피로한 심신을 충분히 회복시키고 체력을 재충전해 더 효과적으로 일할 수 있게 한다.

노동 실천하기 교육의 목적과 목표는 주기적으로 노동해 체력 활동을 강화함으로써 건강을 유지·관리하는 것이다. 이를 위해서는 계획을 세워 의도적으로 실천해야만 효과적이다. 현재 우리나라 학교와 직장의 실정과 형편으로는 주중에 날을 잡아 노동을 실천하기 어렵다. 하지만 우리나라도 주 5일 근무제가 도입되었으므로 매주 토요일을 주 1회 노동 실천일로 정해 실시하면 된다.

노동을 실천하는 구성원의 형편과 요구에 따라 특정일이나 주중 일과 후에 일정한 시간을 마련해 노동을 할 수도 있다. 예를 들면 각종 농사일(주말농장 등), 화단 가꾸기(가정, 마을), 대청소(가정, 마을), 각종 노력봉사 등이 있다. 만약 적당한 일이 없다면 구성원끼리 땀 흘려 즐길 수 있는 일을 찾아보자.

노동 선정 기준은 우선 육체노동으로 땀을 흘릴 수 있어야 하며, 다음으로 노동을 통해 즐거움을 맛볼 수 있어야 하는 것이다. 노동 실천 계획을 세울 때는 먼저 구체적으로 계획을 세우고, 다음으로는 계획에 따라 잘 운영해야 하며, 마지막으로 운영 결과에 대한 평가와 반성으로 개선해야 한다.

쉼 하기 프로그램은 첫 번째, 계획적으로 피로를 해소할 수 있도록 한다. 두 번째는 계획적으로 취미 활동을 즐기며 쉰다. 세 번째는 계획적으로 각종 감상과 산책 등을 즐기며 쉰다. 쉰다고 해서 무료하게 시간만 보내거나 잠만 자는 게 아니다. 계획적으로 쉬어야 생활 리듬이 흐트러지지 않는다. 그러나 계획이라고 해서 큰 부담을 가질 필요는 없다. 일상생활에서 하는 것처럼 하면 된다. 예를 들면 가족이나 친구끼리 즐기기, 가족과 대화하며 식사하기, 목욕하기, 어른 찾아뵙기, 종교 의식 참여하기 등이 있다. 계획적으로 취미 활동을 하면 자신이 하고 싶은 것도 하고 인생을 즐길 수도 있다.

예를 들면 꽃 가꾸기, 각종 악기 연주하기, 미술 활동하기, 채집과 수집하기, 책 읽기 등이 있다. 각종 감상(영화, 음악, 미술, 박물관, 유적지 찾아보기 등)과 산책도 계획적으로 하는 것이 좋다. 역시 감상과 산책 결과도 기록해 반성과 평가를 해야 한다.

④ 직업관

5차원 전면교육의 체력 교육에서, 앞의 5차원 건강법과 최대출력 운동은 체력을 기르기 위한 것이고, 직업 관리는 체력을 유지·관리하는 한 단계 더 발전한 것으로, 차원 높은 체력을 생활화하는 운동이다.

직업은 생계를 유지하기 위해 보수를 받으면서 일정 기간 계속 종사하는 일의 종류이다. 직업관이란 개인이나 사회 구성원이 직업을 대하는 태도나 가치관을 뜻한다. 직업관은 사회 변화와 더불어 달라지지만, 상당 기간 지속되어 개인마다 특성을 띤다. 개인이나 사회가 어떤 직업관을 갖느냐는 개인의 진로 결정과 작업 수행뿐 아니라 그 사회의 발전에도 큰 영향을 준다.

즉, 직업관이 건전한 개인으로 구성된 사회는 안정되고 건강하게 발전하지만, 그렇지 못할 때는 경제구조가 변질되고 파괴된다. 직업관을 "건강한 신체는 정신을 건강하게 만든다"는 격언에 비유하면, 건강한 체력은 직업관을 건전하게 만들고, 건전한 직업관은 강한 체력을 유지·관리할 수 있다는 뜻이다. 이와 같이 직업관이 건전하다는 것은 개인과 국가·사회적으로 매우 중요한 일이다.

직업관이란 인생을 살아가면서 내가 원하든, 원하지 않든 주어진 직업에 충실하면서도 즐겁게 일하는 힘을 길러주는 것이다.

진정한 적성을 찾는 법

인생을 설계하기 위해서는 가장 먼저 무슨 일을 하는 것이 바람직한지, 즉 자신의 적성을 정확하게 파악하는 것이 중요하다. 적성이란 그일에 성취감을 느끼는 것을 말한다. 사람들은 대부분 잘하는 것과 성취감을 느끼는 일이 일치한다. 그러나 잘하는 일과 성취감을 느끼는 일이서로 다를 때는 잘하는 일보다는 성취감을 느끼는 일을 선택하고, 아이들도 이런 방향으로 갈 수 있도록 도와주어야 한다.

피아노를 아주 잘 치는 사람이 있다. 그런데 그 사람이 정작 원하는것은 학교 생물 선생님이 되는 것이다. 그러면 대부분 생물 선생님보다는 피아니스트가 되라고 조언한다. 그래서 그 사람이 피아니스트가되었다고 가정해보자. 겉보기에는 그럴듯한 피아니스트일지 모르지만그 사람은 행복하지 않을 수 있다. 만약 그가 원하는 생물 선생님이 되었다면 직업을 통해 즐거움과 보람을 느끼며 행복한 삶을 살 수 있다. 생물 선생님인데 피아노도 피아니스트처럼 잘 친다면 얼마나 멋있고풍요로운 인생인가?

적성을 찾기 위해서는 자신이 어떤 일을 할 때 가장 큰 성취감을 느끼는지 알아야 한다. 그것을 알아내는 데 특별한 방법이 있는 게 아니므로 많은 기회를 통해 찾아내는 길밖에 없다. 이런 기회를 제공하는 것이 교육이 해야 할 일이다.

어느 강연에서 들은 얘기이다. 한 아이가 부모에게 말했다.

"아버지, 음악을 하고 싶어요."

"그래, 무엇을 하고 싶니?"

"드럼을 치고 싶어요."

아버지는 너무 좋아하며 가장 좋은 드럼을 사주었다.

"꼭 3개월이라도 열심히 해야 한다."

"아버지, 3개월이 뭐예요? 평생 할게요."

아이는 드럼을 치기 시작했다. 그런데 2개월이 지나 이렇게 말했다.

"아버지, 드럼은 제 적성에 안 맞아요."

"안 돼. 평생 드럼을 쳐야 해!"

아이가 처음 드럼을 치고 싶다고 했을 때 아버지는 좋은 드럼을 사주기보다 중고품을 사주든지 아니면 빌리든지 하면서 약속을 먼저 했어야 했다.

"3개월 동안 쳐볼래? 3개월 동안 해보고 결정하자."

그렇게 해서 2개월 후 아이가 "드럼 못 치겠어요" 하면 "그래, 알았다" 하면서 인정하고, "3개월 동안 해보기로 약속했으니 한 달 더 치고 끝내자"라고 말해야 한다. 그 아이가 3개월을 다 치고 끝냈다면 두 가지를 얻을 수 있다. 하나는 어떤 일을 끝까지 해본 경험이고, 또 하나는 다음에 다른 일을 할 기회이다.

"그럼, 너 뭐 할래?"

"기타 칠래요."

그러면 가장 값싼 기타를 사주거나 빌려준다. 그리고 3개월간 하자고 약속한다. 그리고 2개월 후 아이가 다시 "저 바이올린 할래요"라고 하면 3개월 마저 친 다음에 다른 것을 하게 한다. 이번에는 2개월이 지나도 3개월이 지나도 아이가 그만두겠다는 얘기를 하지 않으면 이 아이는 자신이 해야 할 일을 찾은 것이다. 그때 비로소 좋은 바이올린을 사주면 된다.

인생은 단 한 번밖에 없다. 그 인생을 가장 성취감을 느끼고 마땅히 해야 할 일을 하면서 살아가야 하지 않겠는가? 그런 사람이 바로 행복한 사람이다. 겉으로는 아무리 그럴듯해 보여도 성취감이 없는 일을 하는 사람은 불행하다.

우리 현실은 어떤가? 부모의 욕심, 학교·사회가 요구하는 모습으로 아이들을 밀어 넣고 있다. 우리 아이들은 마땅히 자기에게 주어지고, 나아가 마땅히 자기가 누려야 할 것을 누리고, 해야 할 것을 하면서 사는 것이 당연하다. 아이들에게 주어진 인생을 그 아이에게 가장 잘 맞게 살도록 도와주는 것이 우리가 할 일이고 교육이 할 일이다.

진정한 적성을 찾아야 자신의 능력을 극대화할 수 있다

스롤리블로토닉연구소에서 미국의 4년제 대학 졸업생 2,500명을 대상으로 '직업을 어떤 기준으로 선택할 것인가'를 설문 조사해 두 부류로 나누었다.

A그룹(84%)은 현재 자신이 하고 싶은 일이 있지만 그 일을 뒤로 미루고 현실적 조건, 즉 봉급이나 근무 환경 등을 우선순위로 해서 직장을 선택할 거라고 답했다. B그룹(16%)은 현실적 조건을 물리치고, 고생

을 무릅쓰고서라도 자신이 정말 하고 싶은 일에 뛰어들 거라고 답했다.

20년 후 연구소에서는 두 그룹에 어떤 결과가 나타났는지 면밀히 검토했다. 2,500명 중 1억 달러 이상의 재산을 모은 억만장자는 102명이 나왔다. 그중 A그룹에 속한 사람은 단 2명뿐이었고, B그룹에서 무려 100명의 억만장자가 나왔다.

이와 같이 일하면서 즐거움과 보람을 느끼는 일이야말로 진정한 적성이고 주어진 재능이다. 어떤 분야에서 석·박사 학위를 받고도 다시 전공을 바꾸는 사람도 종종 보는데, 이는 처음에 자신이 정말 좋아하는 일을 찾지 못했기 때문이다. 인기가 있다거나 조건이 좋거나 장래성만 생각하고 선택했다가 시간이 지나 돌이킬 수 없는 상태가 되어 후회하는 사람도 있다.

적성을 찾는 가장 정확한 방법은 자신의 생활을 돌아보며 어떤 일을 했을 때 가장 성취감을 느끼는지 알아보는 것이다. 성취감을 가져다주는 일이 있다면 그와 관련된 직업을 가지는 것이 보람도 느끼고 인생을 즐겁게 보낼 수 있는 길이다. 이런 사람이야말로 자신에게 주어진 능력을 극대화하고 그것을 가치 있는 곳에 사용할 힘을 얻는다.

⑤ 전면적 인성

몸을 통해 일어나는 모든 활동은 지력과 심력, 체력이 유기적으로 어우러져 나타난다. 그러므로 지력, 심력, 체력 등이 통합된 전면적 인성을 갖추는 것이 진정한 체력의 핵심이다.

4

자기관리 능력
– 에너지를 가치 있는 곳에 사용하는 힘

지력, 심력, 체력 훈련을 통해 바른 삶을 깨닫고 실천할 수 있는 원칙을 살펴보았다. 이제 그런 원리를 바탕으로 삶의 현장에서 끊임없이 마주치는 문제를 해결하기 위해 자신을 잘 조절하고 관리하는 능력을 갖추어야 한다.

5차원 전면교육의 자기관리 능력에서는 네 가지 중요한 분야를 다룬다. 첫째는 시간 관리이고, 둘째는 재정 관리이다. 돈과 시간을 어떻게 쓰는지 보면 그 사람의 인격을 알 수 있다. 이 두 가지 요소를 어떻게 관리하는가는 매우 중요하다. 셋째는 언어(말) 관리이고, 넷째는 태도 관리이다. 무심코 내뱉는 수만 마디 말이 결국 내면을 표현하는 것이므로 결코 소홀히 할 수 없다. 또 "말 한마디로 천 냥 빚을 갚는다"는 이야기가 있듯 언어는 실제 삶에서 관계를 조정하는 주요 수단이다. 하지만 아무리 그럴듯한 말을 한다 할지라도 그 사람이 취하는 태도 여하에 따라 전혀 다른 인격을 접하기도 한다. 언어와 태도는 동전의 양면과 같이 우리가 중요하게 다루어야 할 요소이다.

이 네 가지를 잘 관리하면 결국 '자신의 능력을 가치 있는 곳에 사용하는 힘'이 생긴다. 우리가 다루는 주제는 바로 어떻게 하면 개인의 능력을 극대화해 행복하고 가치 있는 인생을 살도록 도울까 하는 것이다. 즉, 능력을 극대화했다고 할지라도 그것을 의미 없는 곳에 사용한다면 아무 소용이 없다. 애써 갈고닦은 능력을 가치 있는 곳에 사용할 때 그 인생이 아름다운 작품으로 완성될 수 있다.

1 자유에너지 확장

어떤 사람은 시간 관리 등의 훈련을 하라고 하면 이에 대해 거부감을 느낀다. 이렇게 숨 막히는 시간 관리를 통해 얻고자 하는 것이 분명하지 않기 때문이다. 여기서 분명히 할 것은 본 교육에서는 자기관리 능력의 핵심인 시간 관리 등을 통해 얻고자 하는 것은 '보다 여유 있는 삶'이지, '보다 많은 일을 하는 삶'은 아니라는 사실이다.

과학 이론 중 '자유에너지론'이라는 것이 있다. A라는 물질이 보유한 전체 에너지는 300이고, B는 500이다. 그런데 A는 자신을 유지하는 데 200을 사용해 자유에너지를 100 갖고 있다. B는 큰 몸집을 유지하느라 비교적 많은 에너지를 소비해 모두 450의 에너지를 썼다. 그러면 B의 자유에너지는 50이다.

이 이론에서는 자연계에서 A와 B 중 어느 것이 더 에너지 효율이 높은지 판단할 때, 필요한 에너지를 소모하고 남은 자유에너지만 놓고 판단한다. 비록 외형은 A가 작지만, 자유에너지가 B보다 50이 더 크기 때문에 결국 A가 B보다 더 큰 일을 할 수 있는 잠재력을 갖고 있다는 것이다.

이와 같은 원리는 자연계에서 배울 수 있는 매우 중요한 진리이다. 우리에게는 늘 24시간이 주어지지만, 그 시간을 잘 관리하고 효율적으로 사용해 시간의 자유에너지를 많이 소유한 사람이 자신과 가족 그리고 사회에 기여할 능력을 갖춘 사람이다.

시간 등을 철저히 잘 관리해 삶을 질서화한 사람은 자유에너지를 확장할 수 있고, 그로 말미암아 훨씬 더 여유 있게 자신의 능력을 가치 있는 곳에 사용할 수 있다.

❷ 시간 관리

인간은 여러 가지를 소유한다. 물질이나 명예, 권력, 지식, 건강 등 많은 것이 있지만 그것들을 모두 자신이 완벽하게 조절할 수는 없다. 그러나 목숨이 끊어질 때까지 스스로 많은 부분을 통제할 수 있는 것이 있다. 바로 시간이다. 시간을 잘 조절하면 삶의 효율을 높일 수 있다.

요즘 아이들을 보면 참으로 안타깝다. 아이들이 로봇처럼 학교에서는 선생님이 시키는 것, 집에서는 부모님이 시키는 것만 하는 경우가 많기 때문이다. 그러다 보니 스스로 무엇을 계획하고 실천하는 힘이 극도로 약하다.

하루 24시간을 규모 있게 계획하고 사용하는 방법을 교육하는 것은 아이에게 지식을 심어주는 것보다 훨씬 더 중요하고 근본적인 것이다. 자기관리 능력을 갖추기 위해 첫 번째로 훈련해야 하는 것은 시간을 효율적으로 사용하는 것이다.

시간 늘리기

아침에 일어나 늘 하던 대로 출근하고, 일하고 퇴근해서 TV 보고, 주말이면 낚시하고…….. 이런 식으로 그때그때 자신에게 주어진 대로 일하거나 쉬는 사람은 시간을 고공에서 내려다보는 능력이 없는 사람이다. 전체를 볼 수 있는 능력, 즉 고공 학습 능력은 자기관리 능력에도 결정적으로 작용한다.

고공으로 시간을 보는 사람은 하루를 계획할 때 혹은 한 주간을 계획할 때, 그때그때 상황에 따라 결정하지 않는다. 크게는 자신의 일생 전체를 조망해 연간 계획을 세우고, 매달·매주 부분적 계획을 수립하며, 거기에 따라 세부적인 일일 계획을 세워나간다.

이 능력은 개인의 차이에 따라 다양하게 나타난다. 시간 단위로 사는 사람이 있는가 하면, 하루 단위로 사는 사람, 혹은 주간 단위로 시간을 규모 있게 나눠 쓰는 사람도 있다. 다이아몬드칼라는 일생을 한 단위로 내려다보며 부분 계획을 세우는 능력이 있는 사람이다.

또 고공에서 시간을 보는 사람은 자신의 역할에 대해서도 전체와 부분을 볼 줄 안다. 개인이 처한 전체적 역할을 먼저 보고, 그것을 균형 있게 실천할 수 있도록 시간 계획을 세우는 것이다. 이런 전체를 보는 시각이 결여되면 한쪽으로 치우쳐 대외적 일에만 몰두한다든지, 한두 가지 역할에만 집중하고 나머지는 소홀하기 쉽다.

자투리 시간 활용 능력

하루 단위로 시간을 디자인할 때 고공에서 내려다보는 능력을 갖추면 아무 생각 없이 흘려버리는 조각 시간을 잘 활용할 수 있다. 아무 일 없이 지나가는 자투리 시간은 하루에 얼마나 될까? 여러 임상적 통계에 의하면 대다수 사람이 하루 약 18~22시간을 실제 활동에 투입한다고 한다. 즉, 아무리 규칙적으로 사는 사람도 하루에 적게는 2시간, 많게는 6시간을 무의미하게 흘려버린다는 뜻이다.

자투리 시간을 활용하는 가장 간단한 방법은 다음과 같이 낭비하는 시간을 찾아 정리하는 것이다.

	자투리 시간	소요 시간	누계 시간
1	아침 식사 전(07:00~07:30)	30	30
2	출근 시간(08:00~08:40)	40	70
3	점심 식사 후(12:40~13:00)	20	90
4	퇴근 시간(18:30~19:10)	40	130
5	저녁 식사 후 취침 전(20:00~23:30)	210	340

사용할 수 있는 시간임에도 낭비하는 자투리 시간을 찾을 때 유의할 점은 피곤을 풀기 위한 휴식 시간이나 의미 있는 TV 프로그램 시청 시간, 친구와 교제 시간 등은 조각 시간에 포함해서는 안 된다는 것이다.

자투리 시간은 의미 없이 그냥 버리는 시간을 말한다.

대부분 경험적 통계 수치대로 하면 자투리 시간이 2~6시간 정도인데, 그중 하루 30분 정도만이라도 활용한다면 가치 있는 일을 새롭게 시작할 수 있다. 평소 악기나 컴퓨터를 배우고 싶은 사람, 마음껏 책을 읽을 수 있는 시간이 부족하다고 여기던 사람은 자투리 시간을 효과적으로 활용해 하고 싶은 일을 할 수 있다.

다이아몬드칼라는 자투리 시간을 이용해 하루를 24시간 이상으로 늘려 쓸 수 있는 알뜰한 시간 관리 실행자이다.

시간의 질 높이기

시간을 잘 관리하기 위해서는 매일매일 시간표를 짜면서 삶을 살아가는 것이 중요하다. 시간표를 스스로 짜보면 무엇을 먼저 하고 나중에 해야 하는지 우선순위를 매길 수 있고, 조각 시간까지 유용하게 활용할 수 있다.

시간을 계획할 때 기상 시간과 식사, 취침 시간 등을 정하는 것은 별로 효율적이지 않다. 계획을 짤 때는 우선순위를 먼저 생각해야 한다. 우선순위를 어디에 두느냐는 삶의 질에 큰 영향을 미친다.

인생에 주어진 시간은 무한대가 아니므로 대부분 우선순위로 정한 것 몇 가지만 생각한다. 그래서 무엇을 우선순위로 정했느냐 하는 것이 인생의 방향을 결정짓는다. 학문에 우선순위를 둔 사람은 학자가 될 것이고, 돈을 우선순위에 둔 사람은 부자가 되기 위해 노력할 것이다. 그러므로 우선순위를 정하는 훈련도 매우 중요하다.

5차원 전면교육에서는 진정 실력 있는 사람으로 키우기 위해 마음과 신념을 중요시한다. 사람의 뿌리에 해당하는 심력, 체력, 인간관계 등을 잘 훈련하면 실력을 기우고, 더불어 성적도 향상힐 수 있다. 그래서 계획표를 짤 때 우선 일이나 공부 등의 계획을 집어넣는 것이 아니라, 마음의 힘과 몸의 힘을 기르기 위해 마땅히 해야 할 일을 먼저 계획해야 한다. 예를 들어 3분 묵상을 아침 7시에 하고, 체력을 기르기 위해 아침 6시에 줄넘기를 하겠다고 계획했으면 그것을 표시해놓는 것이다. 그리고 나머지 시간을 채워나간다. 이렇게 구성한 하루의 시간표를 일일 계획표라 부른다.

그런데 일일 계획표는 우선순위에 집중하고 일을 효과적으로 하도록 돕는 장점이 있기는 하지만, 그때그때 부분에 얽매여 근시안적 계획에 머물 가능성이 있다. 따라서 목표를 중심으로 계획을 세우기 위해서는 주간 계획표, 월간 계획표, 연간 계획표 등을 만들어야 한다.

이는 단순히 스케줄을 일정표에 적는 것이 아니라, 근본적인 생의 목표에 의거해 단위시간별로 목표를 정하는 것이다. 일정이라는 것은 결국 굵고 큰 목표를 어떻게 수립했는가에 따라 확연히 달라질 수 있기 때문이다. 다이아몬드칼라는 지력 · 심력 · 체력 · 자기관리 능력 · 인간관계 능력 등의 기준에 근거해 거시적 목표를 우선으로 충실하게 관리해야 한다.

일기 쓰기

누구나 한 번쯤 일기를 써본 경험이 있을 것이다. 굳이 부연 설명을 하지 않아도 일기를 쓰면 좋다는 것은 익히 알고 있다.

일기를 쓸 때 중요한 점은 어디에 초점을 맞춰 쓰는가이다. 어릴 때 쓴 일기장을 펴보면 웃음을 참지 못할 때가 있다. 주로 날짜와 그날 행적을 단순히 나열한 정도의 별 의미 없는 일기이기 때문이다. 일기는 내면을 정리하면서 삶을 반성하고 자신을 찾아가는 여행의 멋진 기록이어야 한다. 단순한 나열보다는 삶을 반성하고 성찰하는 내용으로 일기를 써야 한다. 또 하루 중 생각하고 고민한 내용과 관련해서는 스스로에게 질문을 던져, 답을 끄집어내 서술하는 형식의 일기를 써보자.

일기를 쓰면서 점검해야 할 것 중 하나는 '내가 사용하는 시간을 가치 있는 곳에 쓰고 있는가'이다. 아무리 분주하게 보낸 하루라 할지라도 면밀히 검토해보면 주어진 업무나 의미 있는 일을 하는 데 보낸 시간은 그리 많지 않음을 알 수 있다. 일기를 통해 그날그날 자신의 인생이 분명한 목적지를 향해 제대로 가고 있는지 살펴보고, 속도를 조절하는 등 자기 자신을 철저히 관리해야 한다.

③ 재정 관리 – 깔끔한 돈 관리를 위한 핵심 원칙

자기관리 능력의 두 번째 핵심 요소는 주어진 돈을 사용하는 방법에 관련한 훈련이다. 돈은 삶에서 매우 중요한 요소이다. 우리가 깨어 있는 시간 중 80%는 어떻게 돈을 벌고, 얼마나 저축하고 소비할지 등 돈과 관련한 생각을 하는 데 보낸다고 해도 지나친 말이 아니다. 5차원 전면교육에서는 몇 가지 재정 관리 원칙을 소개해 개개인이 재정 관리

지침을 세울 수 있도록 돕는다.

적정한 돈을 투입해 효율 극대화하기

돈 관리에서 적정한 돈을 투입해 효율을 극대화하는 것은 중요하다. 효율을 극대화하기 위해서는 일단 충동구매는 금물이다. 꼭 필요하거나, 써야 할 곳의 목록을 작성해 우선순위를 정하는 것이 필요하다. 가족이 함께 목록을 작성해 우선순위를 정하는 것도 좋은 방법이다. 그래서 우선순위가 낮을수록 돈을 최소한 투입하고, 높을수록 집중적으로 투자해 효율을 극대화한다. 그러기 위해서는 가치 있는 것을 명확하게 구별해 우선순위로 정하는 지적 능력이 필요하다.

가치 있는 일에 돈 쓰기

돈을 쓰는 우선순위를 결정할 때 잊지 말아야 할 것은 가치 있는 일에 써야 한다는 것이다. 헛된 곳에 시간을 쓰는 사람이 자기관리 능력이 부족한 사람인 것처럼, 주어진 돈을 보다 가치 있는 데 사용하는 것은 자기관리 능력의 핵심 요소이다. 이를 위해서는 강한 마음과 남을 위한 삶이 무엇인지 생각하며 삶의 진정한 가치를 찾아야 한다.

④ 언어와 태도 관리 – 말 한마디로 천 냥 빚을 갚는다

내면의 가치는 언어를 통해 다른 사람에게 전달된다. 하루에 거의 2만 개 가까운 단어가 내면에서 외부로 강물처럼 쉬지 않고 흘러나간다. 돈

한 푼 들지 않는 말로 남에게 상처를 주기도 하고, 자신을 낮추기도 하며 남을 높이기도 하고, 남을 성공시키기도 한다.

이처럼 중요한 일상 언어를 어떻게 관리할지 살펴보자.

말하기 전에 잘 듣는 것이 중요

잘 들어야 한다는 것은 누구나 익히 아는 효과적 대화법의 기초이다. 제대로 듣지 않고 남에게 효과적으로 의사를 표현한다는 것은 이치에 맞지 않기 때문이다.

가정에서 자녀와 나누는 대화를 살펴보면 부모는 대부분 자녀에게 자신의 메시지를 제대로 전하지 못한다. 근본적인 이유를 살펴보면 부모가 말을 조리 있게 못 하기 때문이라기보다 자녀가 진정 원하는 것을 듣는 자세가 부족하기 때문인 경우가 많다. 자녀가 내면에 가지고 있는 진정한 바람을 들으려고 노력하지 않기 때문에 의사소통이 올바로 이루어지지 않는 것이다.

그러면 남의 말을 경청하기 위해서는 어떤 태도가 필요할까? 단순히 귀를 기울인다고 올바로 들을 수 있을까? 그렇지 않다. 여기에서도 5차원 전면교육 원리인 다면적 접근이 탁월한 효과를 발휘한다.

그러므로 진정한 경청은 단순한 기법으로 이루어지는 것이 아니라, 5차원 전면교육의 원리대로 끊임없이 자신을 잘 가꾸고 계발할 때 그 열매로 삶에 묻어나는 능력이다.

남의 말을 잘 듣는 법

1. 지적 능력(지력)이 중요하다
- 올바른 판단력과 결단력을 길러야 상대방을 알 수 있다.
- 객관화·주관화 능력이 필요하다(상대방 말을 객관화하지 못한 채 자신의 주관적 이야기를 마구 떠들면 대화가 이루어지지 않는다).

2. 마음의 힘(심력)을 키워야 한다
- 의사소통을 원활하게 할 수 있는 진정한 반응력은 말하는 상대에게 자신의 진정한 마음을 기울이는 힘에서 비롯한다.

3. 자신의 몸을 가꾸는 의지적 힘(체력)이 필요하다
- 대화를 포기하고 싶을 정도로 상대가 힘겹게 나오더라도 끝까지 경청하는 능력이 필요하다.

4. 올바른 인간관계의 기본이 되는 자존감을 갖추어야 한다
- 마음의 여유를 갖고 상대방에게 자신을 열어 보여야 한다.

쉽고, 재미있고, 간결하며, 깊이 있게 말하기

상대방 말을 잘 들은 다음에는 효과적으로 자신의 의견을 이야기하는 능력이 필요하다.

회의에서 자신의 주장을 발표하든, 세미나에서 강의를 하든, 저녁 식사 시간에 동료에게 즐거운 얘기를 하든 자신이 주체가 되어 이야기할 때 지켜야 할 매우 중요한 네 가지 원칙이 있다.

첫째는 쉽게 말해야 한다. 간혹 강의를 듣거나 누군가 하는 이야기를 듣다 보면 무척 어렵게 느껴지는 경우가 있다. 그럴 때는 말하는 사람이 그 주제를 완벽하게 꿰뚫지 못했을 가능성이 높다. 잘 아는 사실은 쉽게 얘기할 수 있다.

두 번째는 재미있어야 한다. 누구도 심각한 이야기에 오래 집중할 만큼 인내심이 강하지 않다. 재미있는 이야기란 논리적이며 상대방을 배려해줄 수 있는 이야기이다.

세 번째는 간결해야 한다. 중언부언하면서 했던 말을 반복하고 지루하게 늘어놓으면 듣는 사람의 집중력이 떨어질 수밖에 없다.

마지막으로는 깊이가 있어야 한다. 쉽고 재미있고 간결하게 말하는 데서 언어 관리 훈련이 끝난다면 이는 단순한 화술을 배우는 것과 크게 다르지 않다. 말하고자 하는 바의 깊이가 가장 중요하다.

5차원 전면교육에서 '깊이 있는 말'을 하는 능력이란 자신이 이야기하고자 하는 주제의 '본질을 파악하는 능력'을 의미한다. 어떤 주제를 다루든 본질을 다루지 못하면 아무리 쉽고, 재미있고, 간결하게 이야기하더라도 깊이 있는 이야기가 될 수 없기 때문이다.

앞의 원칙을 잘 지켜 자신을 표현하면 얻고자 하는 바를 달성할 수 있을 뿐 아니라 인간관계도 원만해진다.

자기관리 능력의 또 다른 요소는 태도 관리이다

5차원 전면교육이 필요한 이유는 삶을 극대치까지 끌어올리고자 하는 미시적 이유도 있겠지만, 개개인의 변화를 통해 사회와 시대를 변화시키고자 하는 거시적 요소도 매우 중요하다. 다이아몬드칼라는 주위를 변화시킬 줄 아는, 즉 개혁하는 힘을 가진 사람이어야 한다.

역사를 바꾼 위대한 사람 중에는 매년, 매월, 매주, 매일 철저하게 시간을 관리하고 계획한 사람이 많다. 자신을 관리하는 힘은 결국 심력, 체력, 지력, 인간관계 능력 등 모든 면에 골고루 영향을 미쳐 삶의 효율을 극대화한다.

그런데 주위를 변화시키는 개혁은 언제 이루어지는가? 실력을 갖춘 사람이 겸손하게 행동할 때 개혁이 이루어진다. 보통 힘power으로 개혁이 이루어진다고 생각한다. 나폴레옹처럼 쿠데타를 일으킨 사람들이 그 예이다. 기업체 같은 조직을 변화시키는 데도 힘이 중요하다고 여기는 사람이 있다. 그러나 역사를 볼 때 진정한 개혁은 엄청난 실력을 갖춘 자가 겸손하게 행동했을 때 이루어졌음을 알 수 있다.

겸손한 사람은 개방적이기 때문에 끊임없이 성장할 수 있다. 어느 정도 실력이 있고, 높은 지위에 있는 사람은 거만해지기 쉽다. 더는 배우거나 자신을 낮출 필요가 없다고 생각하는 것이다. 그러나 겸손한 사람은 누구에게든 항상 배울 마음의 자세가 되어 있기 때문에 한없이 성장할 수 있다. 결국 그런 사람만이 주위를 개혁할 수 있는 실력자로 나설 수 있다.

섬김, 질서, 실천

이런 겸손함과 개방성을 갖춘 사람이 삶에 임하는 자세는 다음 세 가지이다. 첫 번째는 섬김의 모습이다. 섬김은 윗사람이 아랫사람을, 높은 자가 낮은 자를, 힘 있는 자가 힘없는 자를, 많이 가진 사람이 그렇지 못한 자를 대할 때 필요한 덕목이다. 진정한 섬김을 아는 사람은 자기를 낮추며 어떤 경우에라도 다른 사람과 화목하게 지낸다.

다른 사람을 섬긴다는 것은 생각보다 어려운 일이다. 특히 교육 현장에서 교사가 학생을 섬긴다거나, 어떤 조직에서 지위 높은 사람이 지위 낮은 사람을 섬기는 것은 그야말로 쉬운 일이 아니다. 그럼에도 이런 섬김의 자세로 교사가 학생을 대하고, 상사가 아랫사람을 대하면 반드시 변화가 온다.

두 번째는 질서에 대한 순종과 충성심이다. 이는 아랫사람이 윗사람에게 지녀야 할 덕목이다. 섬김의 미덕만 강조하다 보면 무질서와 방만을 조장할 수도 있으므로 철저하게 질서와 규율을 지키는 자세가 따라야 한다.

세 번째는 강한 행동력으로 어떤 일이든 열매를 맺을 때까지 노력하는 자세이다. 말만 무성하고 그 말에 대한 책임감이 부족해서는 안 되며, 강한 실천력으로 자신과 주위를 변화시켜야 한다.

이런 사람들이 모인 곳이야말로 진정한 공동체로서 큰 힘을 발휘할 수 있고, 주위를 변화시키고 개혁할 수 있다.

⑤ 융합적 능력

자기관리 능력이란 원하는 목표를 향해 자신을 통제해 실행에 옮기는 능력이고, 개인의 시간, 물질, 적성 등 에너지를 융합해 바르게 분포할 수 있는 융합적 역량을 의미한다.

5

인간관계 능력
- 공동체 의식을 갖고 남을 섬기는 힘

이 장에서 다룰 인간관계 능력은 지금까지 살펴본 모든 능력의 결정체라 할 수 있다. 바로 삶에서 늘 존재하는 타인과의 관계를 잘 정립하는 힘이며, 공동체 의식을 갖고 남을 섬기는 힘과 직접 관련 있다.

인간관계에서 가장 기본이 되는 개념은 '인간을 인간으로 보기'이다. 인간을 인간으로 본다는 것은 무엇일까? 지금까지 우리는 '인간'을 통합적인 시각에서 바라보는 새로운 패러다임을 배웠다. 한 사람을 볼 때 현재의 관계가 주는 의미뿐 아니라, 5차원 전면교육이 제시하는 다섯 가지 다면적 요소로 총체적으로 이해해야 한다는 인간관이 그것이다.

여기서 5차원 전면교육의 비전으로 제시하고자 하는 것은 '세계를 품은 다이아몬드칼라의 인간상'이다. 이는 자신의 능력을 최대한 계발하고, 타인의 능력을 최대한 발휘하도록 도와 아름다운 사회를 만드는 지도자상을 일컫는다.

① 인간 특질의 발견 – 모든 인간관계의 기본 원리를 배운다

우리가 바른 인간관계를 맺지 못하는 것은 인간을 인간으로 보지 못하기 때문이며, 그 이유는 자기를 귀하게 여기지 않거나 사랑하지 못하는 데서 출발한다. 자기를 귀하게 여기는 것은 모든 인간관계의 기본 원리이므로 매우 중요하다. 물론 이는 교만이나 남을 업신여기는 것과는 차원이 다르다. 겸손하지 못하고 거만하며 잘난 척하는 것은 오히려 자기를 망치는 지름길이다. 겸손과 자기 비하, 자기를 귀하게 여기는 것과 우월감은 엄연히 다르다.

실제 많은 사람이 자기에 대해 자존감을 갖지 못하고 혐오감을 가진다. 장점이 없어서라기보다 그것을 발견하지 못했기 때문이다. 자살 충동을 느낀 사람은 대부분 인생의 의미를 찾으려다 실패한 사람이다.

나는 과연 진정한 나 자신의 가치를 제대로 알고 있는가? 왜 우리는 자신의 가치를 잘 파악하지 못할까? 아마도 자신을 성찰할 시간을 갖지 못하고 하루하루 생활에 쫓기기 때문일 것이다.

장단점 분석표 작성

5차원 전면교육 과정을 진행하면서 자신의 장점을 적어보라고 하면 대개 어려워한다. 우리는 스스로를 열등하게 보고, 부정적으로 바라보는 데 익숙해 자신의 소중한 점을 깨닫지 못한다. 따라서 자신의 장점과 단점을 구체적 문장으로 표현하는 것은 자기 자신을 파악하는 훈련이 된다.

나의 장단점 분석표

(소요 시간:　　분　　초)

자신이 생각하는 자신의 장점(구체적으로)

1. _____
2. _____
3. _____
4. _____
5. _____

자신이 생각하는 자신의 단점(구체적으로)

1. _____
2. _____
3. _____
4. _____
5. _____

단점을 장점으로 변환하는 법(열등감 없애기)

대부분 자신의 단점은 뒤집어보면 굉장한 장점이 될 수 있는데, 시각이 부정적이어서 그것을 단점으로만 받아들이는 경우가 많다.

예컨대 '나는 굉장히 부끄러움이 많아 사교적이지 못하다'라는 단점이 있다고 하자. 이는 부정적으로 보면 단점이라고 할 수 있지만, 그것을 오히려 장점으로 바꿀 수 있다. 즉, 부끄러움이 많다는 것은 반대로 생각하면 진솔한 인간관계를 맺는 능력이 될 수도 있다. 그래서 본인이 '나는 비록 부끄러움이 많아 사교적이지 못하지만, 한번 좋은 관계를 맺으면 매우 진솔하고도 깊이 있게 사귈 수 있다'는 인식을 하는 것이다. 이처럼 다소 창의적인 접근으로 얼마든지 자신의 단점을 장점으로 바꿀 수 있다.

장점을 단점으로 변환하는 법(우월감 없애기)

열등감 못지않게 인간관계에 문제를 일으키는 요소는 우월감이다. 이를 제거하기 위한 훈련이 있다. 스스로 생각하는 장점을 이번에는 반대로 단점으로 뒤집어 생각해보는 것이다.

예컨대, 자신의 장점으로 '나는 다른 사람을 배려하는 마음이 강하다'고 생각하는 사람이 있다고 하자. 이것을 자신의 장점으로만 생각하면 지나친 우월감에 사로잡힐 수 있다. 이를 극복하기 위해 '다른 사람을 너무 배려하다 보니, 가족에 대한 우선순위가 자꾸만 밀려 식구들에게 오히려 피해를 줄 수도 있다'라는 식으로 나와 타인에게 단점으로 작용할 가능성을 깊이 생각해본다. '나는 그동안 타인을 배려하느라 오히려 가장 가까운 가족에게 소홀했다. 이제는 가족을 배려하는 것을 잊지 말아야겠다' 하는 깊은 반성 과정도 필요하다.

자신의 특성만 있을 뿐이다

이렇게 단점과 장점 변환 훈련을 하다 보면 인간을 더 근본적으로 들여다볼 수 있다. 단점과 장점은 분리된 것이 아니다. 그것들이 서로

나의 장단점 변환표

나의 단점	단점을 장점으로 바꾸기 (열등감 없애기)
1. _____	1. _____
2. _____	2. _____
3. _____	3. _____
4. _____	4. _____
5. _____	5. _____

나의 장점	장점을 약점으로 바꾸기 (우월감 없애기)
1. _____	1. _____
2. _____	2. _____
3. _____	3. _____
4. _____	4. _____
5. _____	5. _____

나의 특질

종합되어 개인의 특성을 이룬다. 이 특성을 먼저 인정하고 받아들이는 것이 자신과의 관계를 바르게 하는 기초가 된다. 그 후 자신의 특성에 내재된 진정한 자아를 발전시켜 존재 가치를 향상시킬 수 있다.

'나의 장단점 변환표'를 활용하여 단점을 장점으로 변환하고, 또 장점을 단점으로 변환한 후, 이를 근거로 자신의 특질을 찾아서 적어보자.

② 나와 가족 - 성공적 가족 관계

자아 발견과 자존감을 통해 자신의 참모습을 찾으면, 다음 단계로 나아가 다른 사람과 좋은 관계를 맺기 위해 노력해야 한다. 이러한 관계의 출발점은 바로 가정이다. 나와 가장 가까운 사람인 가족과 좋은 관계를 형성하지 않은 채 밖에서 훌륭한 삶을 살아보려는 것은 원칙적으로 불가능하다. 그뿐 아니라, 만약 그렇게 보이는 사람이라면 그 자체로 많은 문제점을 안고 있을 소지가 다분하다.

인간으로 보면 해결책이 나온다

가족과의 관계에서 흔히 겪는 아픔이 있다. 바로 자신의 틀에 다른 가족 구성원을 끼워 맞추어 개조하려 할 때 마찰과 갈등이 생기는 것이다. 하지만 5차원 전면교육의 다섯 가지 요소로 인간을 해석하면 이전에 보이지 않던 것이 새롭게 보인다. 예컨대 내 딸을 그저 딸로서가 아니라 하나의 전면적 인간으로 보는 것이다.

내 아이의 '마음 상태(심력)'는 어떤가?

내 아이의 지력에는 어떤 단점이 있는가?

현재 건강의 다섯 요소 중 아이에게 어떤 문제가 있는가?

아이의 자기관리 능력은 어떠한가?

인간관계에 힘든 점은 없는가?

이렇게 분석하면 명료하게 그 사람, 나아가 가족의 현재 상태를 알 수 있다. 하지만 이렇게 가족을 분석하고 파악해야 하는 이유는 가족을 개조하기 위한 것이 아니다. 상대의 단점을 잘 파악하고 그 부분을 극복하도록 돕기 위해서이다.

만약 상대의 단점을 개조해 변화시키려면 엄청난 에너지를 투입해야 하고 원리상 모순이 된다. 하지만 단점을 개조하려는 노력을 다른 각도로, 즉 상대방의 장점을 더욱 부각하고 자신의 장점으로 상대의 약한 부분을 보완하는 방향으로 조정한다면 시너지 효과가 커질 것이다. 이것이 가족 간의 이해와 사랑을 더욱 강화하는 방법이다.

가족의 특질 파악하기

자신의 일생 고공표를 작성했을 때 자존감이 급격히 상승할 수 있다는 것과 흡사한 원리가 있다. 가족 개개인의 특질을 최대한 계발해 가장 완전한 모습으로 발전한 상태로 가족의 미래를 상상하는 훈련을 해보는 것이다.

인간관계의 매우 중대한 원리로 '피그말리온 현상'이 있다. 정신적 선택에 따라 상대방의 미래가 결정될 수도 있다는 것이다. 즉, 상대방의 상태와 관계없이 많은 애정과 사랑, 관심과 기대를 쏟아주면 상대는 가치 있는 존재가 될 것이고, 반대로 무관심과 미움을 쏟으면 결국 쓸모없는 사람이 되어버린다는 것이다.

가족을 바라볼 때도 이런 자세가 필요하다. 그들의 현재 단점에 초점을 맞추지 말고 그들이 활짝 만개한 모습으로 자신의 능력을 최대치까지 발휘하며 행복하게 사는 모습을 그려보아야 한다. 그래야만 끊임없이 애정을 가지고 자신감 있게 가족을 도울 수 있다. 물론 이런 시각의 변화가 가족에게 놓인 객관적 문제를 외면하도록 해서는 안 된다. 가족을 전면적인 인간으로 보는 끊임없는 훈련을 통해 객관적 문제를 보면서도 애정과 관심을 쏟을 수 있어야 한다.

사회에서 문제를 일으키거나 범죄를 저지르는 청소년 중에는 부모에게 칭찬을 받지 못한 아이가 많다는 통계가 있다. 부모가 귀하다고 얘기해주지 않는 아이는 자기가 귀한 것을 모르고, 자존감이 없는 사람으로 자라기 쉽다. 부모가 자존감을 길러준 아이는 끝까지 자기를 지킬 수 있다.

가족의 장단점 분석하기

가족 구성원을 떠올리면서 장단점을 분석해보자. 우선 가정 전반에 대한 장단점 분석을 연습하고, 다음에는 가족 구성원 하나하나를 분석해보자.

흔히 자신의 가정과 가족 구성원을 열등하게 보고, 부정적으로 바라보는 데만 익숙해 소중한 점을 잘 깨닫지 못하는 경우가 있다. 따라서 가정과 가족의 장단점을 구체적인 문장으로 표현하는 방법은 현실적으로 꼭 필요한 훈련이다.

나와 가족

주위를 돌아보면 의외로 가족 간의 관계가 악화된 사람이 많다는 것을 알 수 있다. 필자가 있던 학교 직원 중 자랄 때부터 아버지와 관계가 아주 나빠 계속 미워하다가, 성인이 되어서는 독립해 오랫동안 서로 만나지 않고 지내는 사람이 있었다.

그렇게 된 이유는 아버지가 가족에게 너무 엄격했고, 바깥일이나 남의 일에는 혼신의 힘을 다하면서도 가족에게는 지나치게 무관심했기 때문이다. 가족과 함께 보내는 시간이 거의 없었을 뿐 아니라 전혀 돌보지 않을 정도였다. 그는 그러한 아버지의 단점 때문에 자신이 큰 피해를 입었다고 생각했고, 아버지에 대한 미움도 그만큼 컸다.

그는 5차원 전면교육을 받으면서 가족의 장단점을 생각하고, 단점을 장점으로 바꾸어 생각하는 훈련을 했다. 그러면서 그는 자기 아버지의 장점을 찾았다. 가족에게 무관심한 아버지의 단점을 한 가지 원칙을 정하면 끝까지 그것을 지켜나가고 다른 사람을 위해 희생도 마다하지 않는다는 장점으로 바꾸어 인식하게 된 것이다. 그 후 아버지에 대한 그의 생각이 조금씩 바뀌어 오랜 세월 동안 미워하던 마음이 차츰 누그러졌다.

가족에게 편지 쓰기

편지 쓰기는 다른 사람들과의 관계를 개선하는 데 매우 창의적이면서 유용한 접근 방법이다. 편지 형태는 어떤 것이든 관계없다. 짧은 감사 카드도 좋고, 메모지에 몇 자 적어 건네도 좋으며, 번거롭다면 이메일을 사용해도 좋다. 편지는 다른 사람들과의 관계를 돈독히 할 때 효과적 수단이다.

시를 써도 좋고, 사랑 고백도 좋고, 일상 느낌을 적어도 좋다. 훈련하지 않은 채 말로 접근하다 보면 감정이 상할 수도 있지만, 차분하게 자신의 속마음을 편지로 적어 보낸다면 상대방도 두고두고 반복해 읽으면서 보낸 이의 마음을 헤아릴 것이다. 짧은 시간에 사람에게 커다란 기쁨과 활력을 선물하는 가장 좋은 방법이 바로 '편지 쓰기'이다.

❸ 나와 동료 – 다른 사람을 사랑하는 방법

친구란 내가 선택한 사람이다. 어떤 사람이건 자신의 친구를 타의로 결정하는 경우는 없다. 자신의 필요에 의해, 혹은 상대방과의 교감에 의해 친구가 되기로 결정하는 것이다.

이런 의미에서 진정한 친구란 내가 사귀기로 선택한 상대를 뜻한다. 그런데 만일 이렇게 선택하기만 하고 상대방의 필요에 반응하지 않는다면 그것은 진정한 친구 관계라고 볼 수 없다. 진정한 친구란 상대방의 정신적·물질적 필요에 서로 반응하는 관계를 뜻한다.

친구를 인간으로 보기

진정한 친구의 조건을 상대방에게 요구하는 것도 필요하겠지만, 더욱 중요한 것은 나 자신이 상대방에게 앞의 조건에 합당한 친구가 되어주는 것이다.

그러기 위해서는 그들의 필요에 적절하게 반응하는 능력을 갖추는 것이 필수이다. 앞에서 자신과 가족의 문제를 다루면서 이야기한 것처럼 동류와의 관계에서도 중요한 것은 친구를 인간으로 보는 눈, 상섬과 단점을 명확히 파악하고 단점을 장점으로 변환할 수 있는 힘 등이 필요하다.

이러한 힘을 갖춘다면 이를 다양한 관계로 확산할 수 있다. 예를 들어 자녀가 학교에서 겪는 선생님이나 반 친구와의 관계에 접목할 수 있다. 아이와 선생님과의 관계에서 문제가 생겼을 때 부모가 아이 편에서서 선생님을 함께 비난하는 경우가 있다. 그러면 선생님이 정말 못된 사람이라는 식으로 결정지어버리는 결과가 된다. 그러면 아이는 선생님과의 나쁜 관계를 유지하면서 학교에 다녀야 한다. 점점 나쁜 관계에 빠지는 것이다. 이럴 경우 선생님이 잘못한 점이 있다 할지라도, 그런 가운데도 선생님에게 좋은 점이 있고 자기 아이한테도 잘못된 점이 있다는 것을 솔직히 인정해야 한다. 또 장점과 단점을 같이 보고 얘기할수 있어야 한다.

이는 관점을 바꾸는 차원이 아니라 사물의 본질을 보는 것이다. 예를 들어 한 동료의 단점만 보기 시작하면 정말 별 볼일 없는 사람이 될 수있다. 그렇지만 다른 각도에서 내면적 부분까지 파악할 수 있다면 커다란 장점을 볼 수도 있다.

자기를 귀하게 여기지 않는 사람은 남과 관계를 잘 맺을 수 없다. 나를 사랑할 수 없으면 사람을 사랑하는 방법을 모르며, 결국 다른 사람을 제대로 보지 못하고, 공허한 기술만 익힐 뿐이기 때문이다. 따라서

'나와 나'의 관계를 제대로 정립해야 다른 사람의 장단점을 잘 파악해 대인 관계를 성공적으로 이끌 수 있다.

④ 나와 사회 – 남을 위해 봉사하는 힘

사회는 앞에서 다룬 나와 나, 나와 가족, 나와 동료 관계와는 다른 측면의 중요성을 갖는 새로운 인간관계라 할 수 있다.

우리는 나 자신을 사랑해야 한다. 그러나 나만 사랑해서는 안 된다. 그것은 극도의 이기주의이다. 또 가장 가까운 이웃인 가족을 사랑해야 한다. 그러나 가족만 사랑해서는 안 된다. 자기 가족만 사랑하는 것은 엄밀한 의미에서 이기주의이다. 또 제2의 이웃이라 할 수 있는 친구나 동료, 자기 학교나 직장을 사랑해야 한다. 하지만 자기 직장만 사랑해선 안 된다. 자기 직장만 사랑하면 의도했건 의도하지 않았건 간에 그 울타리 바깥에 피해를 끼칠 수 있다.

우리 관심이나 사랑은 더 적극적으로 자신이 속한 국가와 사회를 넘어 다른 나라, 다른 민족에까지 나아가야 한다. 세계를 바라볼 수 있어야 하는 것이다. 진정한 남이란 나와 직접 관계가 없는 불특정 다수를 의미한다. 사회와 국가, 세계야말로 진정한 남이라 할 수 있기에 우리는 남과 관계를 맺는 연장선 상에서 이들과의 관계를 파악해야 한다.

자기를 사랑하고, 가족을 사랑하고, 이웃을 사랑하는, 그리고 우리 민족을 사랑하되 그 폭을 전 인류, 전 세계에까지 넓혀가야 한다. 작은 시골 마을에 산다 할지라도 내가 알지 못하는 아프리카 난민에 대한 관심과 그들의 필요에 반응하는 마음을 갖는 것과 눈앞에 벌어진 자신의 문제만 생각하는 사람의 삶은 질적으로 다를 수 있다.

진정한 마음의 힘을 키운 사람은 배려심과 함께 사회에 봉사하고 옳은 일을 실천하는 의지도 가져야 한다. 내 가족, 동료와 관계를 아무리 잘 맺는다 해도 네 번째 요소인 사회를 인간으로 바라보는 데 실패한다면 결국 인간관계 폭이 좁아질 수밖에 없다.

❺ 글로벌 인간

지금까지 소개한 5차원 전면교육 커리큘럼을 통해 '세계를 품은 다이아몬드칼라'를 만들고자 한다. 앞서 프롤로그에서 언급했듯 다이아몬드칼라는 자신의 능력을 최대한 계발함으로써 타인의 능력을 극대화하도록 돕는 사람이다.

다이아몬드칼라는 첫째, 참과 거짓을 구별하는 지적 힘을 가진 사람이다. 둘째, 알고 있는 지식을 자신의 것으로 만드는 마음의 힘을 가진 사람이다. 셋째, 바른 삶을 실천하는 몸의 힘을 가진 사람이다. 넷째, 절제된 자기 삶을 통해 자신의 능력을 가치 있는 곳에 사용하는 힘을 가진 사람이다. 다섯째, 좋은 인간관계를 통해 공동체 의식을 갖고 남을 섬기는 힘을 가진 사람이다.

이처럼 다이아몬드칼라는 인간의 기본 요소인 지력·심력·체력·자기관리 능력·인간관계 능력 등을 전면적으로 계발하고 가꾸어 자신의 능력을 극대화하는 사람이다. 그리고 그 경험과 힘으로 다른 사람이 능력을 최대한 발휘할 수 있도록 돕는 지도자이다. 자신과 더불어 남을 생각하는 공동체 의식이 충만한 사람이다. 그뿐만 아니라 다이아몬드 칼라는 어느 곳에 있든 세계를 향한 비전이 있다. 즉, 남을 생각하는 폭이 세계로 확장된 사람이다.

21세기는 국제화가 가속화될 전망이다. 전 세계를 무대로 삶이 펼쳐지는 시대가 될 것이다. 이런 시대를 지도자로서 살아가기 위해서는 세계를 제대로 바라보는 안목이 있어야 하며, 세계의 필요에 관심을 갖고 대응할 줄 알아야 한다. 그렇다고 모두가 자기 나라를 박차고 해외로, 다른 나라로 나가자는 말이 아니다. 중요한 것은 어디에 있든 내가 알지 못하는 다른 민족에게까지 관심과 마음이 닿아야 한다는 것이다.

6

실행자의 원리

5차원 전면교육의 결과를 보면서 변화의 중요한 원리를 확인한다. 인간은 전인격적 인성의 본질적 부분을 교육하면 변화할 수 있다는 것이다. 그런데 현재 우리의 교육은 본질보다는 변두리를 많이 다루기 때문에 사람들을 변화시키지 못했다. 본질을 건드린다 해도 이를 통해 자신을 바꾸려는 노력보다는 남만 바꾸려고 하기 때문에 변화를 만들어내지 못하는 것이다.

5차원 교육을 훈련받은 교사 중 학생들에게 5차원 교육을 훈련시켰지만 실패한 사람이 있다. 그 이유는 5차원 교육을 자신에게 접목해 변화의 열매를 맺어본 경험이 없기 때문이다. 인간은 프로그램을 적용해 변화하는 존재가 아니다. 변화를 경험한 사람만이 그 경험의 에너지를 통해 남의 변화를 유도할 수 있다. 즉, 실행해본 사람만이 변화를 가져올 수 있고, 그들만이 진정한 실력자인 것이다.

이 시대 교육의 비극은 좋은 이야기를 하는 사람은 많지만, 그 이야기대로 변화하는 능력을 지닌 사람이 많지 않다는 것이다. 그러므로 진정한 리더를 보기도 어렵다. 진정한 리더란 조직의 구성원 각자의 재능을 최대로 키워주는 사람이고, 이런 사람은 먼저 자신의 재능을 최대로 발휘해본 사람이기 때문이다.

그런데 자기 스스로 실행한 자만이 다른 사람을 변화시킬 수 있다는 실행자의 원리는 단순히 교육 행위를 하는 것보다 더 깊은 의미가 있다. 우리나라의 어른 중 일기를 쓰는 사람이 많지 않다. 그렇지만 그들 대부분은 초등학교 때 일기 쓰는 방법을 공부한 경험이 있다. 사실 초등학교 시절에는 인생의 어려움을 극복하기 위해 자신을 성찰하는 일기를 쓸 필요가 별로 없다. 하지만 그 시기에 일기 쓰기를 열심히 가르치는 이유는 나중에 어른이 되어 인생을 반성하고 바르게 바라보는 데 큰 도움이 되는 일기를 쓰도록 하기 위해서이다.

그런데 초등학교 때 대부분 일기 쓰기 교육을 받았지만, 어른이 되어 일기를 쓰는 사람이 거의 없다는 사실은 일기 쓰기 교육이 실패했다는 증거이다. 일기 쓰는 방법은 잘 가르쳤지만 일기를 쓰는 사람이 되도록 하는 교육을 하지 못했기 때문이다. 바로 교육이 삶으로 연결되지 않았기 때문에 행위to-do는 있지만 그런 존재to-be가 되지 못한 것이다. 그러므로 교육에서 커리큘럼을 실행하는 것도 중요하지만, 이 커리큘럼의 실행이 존재성을 만들어주도록 가르치는 것은 더욱 중요하다.

우리는 변화의 원리를 이해하고 진정 성숙한 인간이 될 수 있는 방법을 알아내야 한다. 성숙해지지 않으면 어린아이처럼 행동하거나 겉으로만 성숙한 듯 행동하는 위선자가 되기 쉽다.

5차원적 삶을 살면 나만 위하는 것이 아니라 남도 섬길 수 있는 성숙한 사람으로 성장한다. 인생에서 승리한 사람을 보면 진리를 이해하는 능력, 이 능력이 마음속에 뿌리내리도록 하는 능력, 그리고 선한 일을 수행하는 힘을 가진 사람이며, 자신의 중요성과 남의 중요성을 모두 인시한 사람이다.

하지만 이런 사람을 길러내는 교육이 열매를 맺기 위해서는 이런 능력을 5차원적 삶으로 구체화해야 한다. 교육의 결과는 학습 효과가 아니라 학습이 삶으로 바뀜으로써 나온다. 매일매일 계획한 독서를 통해 진리가 정신을 깨우도록 해야 하며, 묵상을 통해 그 진리가 뿌리내리도록 해야 하며, 몸을 관리해 이로운 일이 일어나도록 해야 한다. 그리고 일기 쓰기를 통해 자신을 성찰하고 새로운 자신을 발견해야 하며, 편지를 통해 이웃을 격려하고 그들을 섬길 수 있는 접점을 만들어야 한다.

❶ 다이아몬드칼라를 위한 10가지 습관

머리로 익힌 지식은 우리 생활에 한 줄기 빛이 될지언정 삶을 변화시키는 힘을 주지는 않는다. 지금부터 일상을 바꾸어야 하는데, 그러기 위해서는 매일 다음과 같은 훈련을 지속해야 한다. 쏟아지는 정보의 홍수 속에서 지혜를 기르기 위한 책 읽기, 한 가지 이상 외국어 공부하기, 묵상을 통해 깊이 사고하는 훈련하기, 악기 연주 등을 통해 마음의 힘 다지기, 묵상한 내용 실천하기, 5차원 건강법과 스포츠를 통해 강인한 체력 가꾸기, 자기반성과 질문을 담은 일기 쓰기와 스케줄북 작성 훈련을 통해 절제된 자기관리 능력 기르기, 편지 쓰기, '5차원 전면교육 홈페이지'에 접속해 동역자들과 함께 활동하는 것 등을 통해 5차원 전면 교육을 생활에서 실천할 수 있다.

실천하는 사람만이 참과 거짓을 구별해 진리를 찾는 힘과 깊이 사고 하는 힘, 바른 삶을 실천하는 힘, 자신의 능력을 가치 있는 곳에 사용하 는 힘을 지닐 수 있다. 또 자신의 능력을 최대한 계발함으로써 다른 사 람의 능력도 키울 수 있도록 도와 아름다운 사회를 만들 수 있는 다이 아몬드칼라의 인간으로서 참된 지도력을 갖출 것이다.

다음의 목록은 다이아몬드칼라가 매일 실천하고 습관화해야 할 훈 련을 나타낸 것이다. 이는 삶 속에서 체질화해야 할 핵심 사항이기도 하다.

독서	모국어로 독서하기	사선 치기, 글 분석 방법을 이용하여 독서하기
	외국어로 독서하기	사선 치기, 네모 치기를 이용하여 독서하기
묵상	묵상하기	묵상을 통해 깊이 사고하기
	예술 활동	악기나 그림 등을 통해 풍부한 정서 기르기
몸 관리	묵상 실천하기	묵상을 통해 깨달은 내용을 생활에서 실천하기
	운동하기	5차원 운동과 한 가지의 스포츠를 통해 체력 다지기
자기관리	일기 쓰기	일기를 통해 자기를 성찰하고 반성하기
	스케줄북 작성하기	10가지 실천 항목을 중심으로 계획하여 실행하기
인간관계	편지 쓰기	친구나 주위 사람들에게 편지를 쓰기
	공동체 활동하기	5차원 전면교육 공동체 활동에 참여하기

바닷가 모래사장에서 어미 꽃게가 새끼 꽃게에게 걷는 법을 가르친다. 어미 꽃게는 새끼 꽃게가 앞으로 걷지 않고 옆으로 긴다 "아가, 옆으로 걷지 말고 앞으로 걸으렴" 하고 말한다. 그러자 새끼 꽃게가 묻는다. "엄마도 옆으로 걸으면서 왜 저보고만 앞으로 걸으라고 하세요?"

피아노를 잘 치는 사람의 연주를 듣고 커다란 감동을 받았다고 바로 피아노를 잘 칠 수 있는 것은 아니다. 마찬가지로 5차원 전면교육의 원리에 공감하고, 동의한다고 해도 그 자체만으로 이 교육을 안다고 할 수 없다.

5차원 전면교육에 매력을 느낀 사람들 중에 교육 내용을 다른 사람에게 전수하려 했지만 실패한 경우가 많다. 자신은 실행하지 않고 남에게만 변하기를 기대했기 때문이다. 실패한 경우와 성공한 경우가 극명하게 나뉘는데, 실패한 경우 중 대다수가 '스스로 실행하지 않은 사람'이었다. 5차원 전면교육은 말로만 하는 게 아니라, 철저하게 체험적으로 습득해야 효과를 볼 수 있다. 즉, 전인적 인간은 '전인 교육 프로그램'에 따라 만들어지는 것이 아니라 전인적 인간을 통해 길러진다.

우리 교육에 전인 교육 프로그램이 없는 것이 아니다. 나름대로 요소가 포함되어 있기는 하지만 본질을 살려 프로그램을 운용하지 못한다는 데 문제가 있다. 어쩌면 당연한 결과인지도 모른다. 우리 자신이 전인적 삶을 산 사람에게 전인 교육을 받아본 경험이 없기 때문에 아이들을 전인적으로 교육할 힘이 없는 것이다. 그것은 우리 세대나 앞 세대의 잘못이 아니다. 우리 앞 세대도 그 앞 세대로부터 전인 교육을 받지 못했기 때문에 우리에게 물려주지 못한 것이다. 이처럼 전인 교육이 무엇인지 전혀 모르는 사람들이 교사, 부모로서 교육의 주체로 있기 때문에 우리 교육 현장이 전인적이지 못한 것이다.

그렇다고 이 악순환의 고리를 대대로 이어나갈 수는 없다. 누군가 용기 있는 사람, 용기 있는 집단이 이 악순환의 고리를 끊고 참된 교육이 무엇인지, 전인 교육이 무엇인지 경험하고 보여주며 다음 세대에 물려주어야 하지 않겠는가?

이 일은 결코 쉽지 않지만 불가능한 것도 아니다. 정말 중요하지만 그렇다고 거창한 일도 아니다. 이 일은 개인에게서 시작된다. 스스로가 먼저 5차원 전면교육에서 제시하는 25가지 중에서 핵심 요소를 체질화한다. 체질화 단계에서는 본성을 거역하는 요소를 전면적으로 돌파해야 하기 때문에 자신과 끊임없이 벌이는 싸움에서 이겨야 한다.

5차원 교육 연수를 받은 어머니가 교육 때 배운 속해 독서법의 원리대로 매일 저녁 식사 후 식탁에서 독서를 했다. 그러자 딸이 엄마가 좀 특이한 방법으로 책을 읽는다는 사실을 알고 관심을 보였다. 일단 엄마가 TV를 끄고 책을 읽는 것이 신기했고, 책에 사선을 치면서 읽는 방법도 궁금해했다. 엄마의 독서 방법을 관찰한 딸은 자신도 이를 훈련해 독서 실력을 향상할 수 있었다. 이처럼 변화가 일어난 가정에서는 아이들에게 자연스럽게 자신의 능력을 계발하는 원리를 전수할 수 있다. 교육 주체인 자신이 먼저 변화를 경험하면 다음 세대가 성공적으로 5차원 전면교육의 성과를 이루도록 할 수 있다.

자신의 능력을 전면적으로 계발하는 경험을 직접 하지 않고서는 타인의 능력 계발을 유도할 수 없다. 좋은 원리를 발견하고 꾸준히 연마해 자신의 능력을 최대치까지 발휘하려고 노력하는 사람은 비단 자신뿐 아니라 자신이 속한 집단까지 변화시킬 수 있다. 가정, 회사, 크게는 국가와 세계를 변화시키는 기초는 자신부터 실행하는 자세에서 싹튼다.

❸ 'The Greatest Today'의 개념

오늘이 인생에서 가장 중요한 날이며, 오늘을 어떻게 사느냐가 인생을 결정한다. 삶에서 가장 중요한 시간은 오늘이며, 가장 중요한 사람은 오늘 내가 만나는 사람이고, 가장 중요한 일은 오늘 내가 하는 일이다.

오늘까지는 못해도 내일부터 잘하면 된다는 잘못된 생각을 바꾸어야 한다. 내일이 비록 희망 없어 보여도 오늘 나에게 남은 시간을 통해 인생에서 승리할 수 있다는 것을 인식해야 한다. 그러므로 오늘 하루의 삶을 바르게 디자인해 성공적인 하루가 되도록 하는 것이 중요하다.

성숙한 인간이 되기 위해서는 자신에게 주어진 하루에 일생을 위한 모형을 담아야 하고, 매일 나에게 주어진 삶을 통해 이 모형이 성숙할 수 있도록 학습을 생활화해야 한다. 매일 독서를 통해 지적 각성이 일어나도록 해야 하며, 묵상을 통해 그 지식이 뿌리를 내려 내면이 회복되어야 하고, 몸을 훈련시켜 실행 능력을 증진해야 한다. 이런 힘을 통해 나를 사랑하는 것처럼 이웃을 사랑하는 성숙한 삶을 살 수 있다.

그러므로 지혜로운 사람은 오늘을 미래를 준비하는 데 사용하지 않고, 미래를 위해 오늘의 삶에 충성을 다한다. 큰 꿈을 가지고 작은 일에 충성함으로써 그 꿈을 이룰 수 있다.

3부
—
미래 인재의
핵심 역량

1
미래 사회에 필요한 인적자원의 속성

미래 사회에는 다른 문화를 적극적으로 배우려는 수용적 인간, 창조적 인간, 융합적 인간, 개방과 혁신적 인간, 통합적 인간, 문화적 인간, 건강한 인간 등이 필요하다. 아울러 나무가 아닌 숲을 보고, 직관적이고, 예술적이고, 자기감정을 제어하고, 상상과 공상을 할 수 있는 우뇌 역할을 강화한 전뇌적 인간이어야 한다.

그들이 갖추어야 할 덕목으로는 열정, 도전 정신, 지혜, 영성, 소통, 정의, 공헌 등이 언급된다. 또 지혜, 창의성, 글로벌 의식, 커뮤니케이션 능력을 갖춘 융합적 면모가 필수이다. 거기에 글로벌 정보 공유 시대에서 프라이버시 침해, 감시, 또는 통제라는 문제점을 제어할 수 있는 인성의 확보가 절실하다. 이를 종합하면 대략 다음과 같은 다섯 가지 속성이 필요함을 알 수 있다.

첫째, 창조적 지성이 필요하다.

둘째, 바른 세계관이 필요하다.

셋째, 전면적 인성이 필요하다.

넷째, 융합적 능력이 필요하다.

다섯째, 글로벌 의식이 필요하다.

❶ 창조적 지성

창조적 지성이란 참과 거짓을 구별하고 창의적으로 사고하는 지적 틀을 말한다. 인간은 이런 참과 거짓을 구별하는 능력을 바탕으로 바른 문제의식을 가지고 비판적으로 생각하며 문제를 해결할 수 있는 힘을 지닐 수 있다. 더구나 현대에는 지식 운영 능력을 기반으로 창조적으로 생각하며, 새롭고 혁신적 아이디어를 생각해내는 인재가 필요하다. 하지만 우리 교육은 이런 지적 능력을 갖춘 인재를 길러내지 못한다.

이러한 취약점을 극복하기 위해서 문서 해독 능력(문해율)을 향상해야 한다. 또 참과 거짓을 구별하는 지적 능력을 길러주어야 하며, 창의적 사고를 가능하게 하는 창조적 지성을 길러주는 교육체계를 구축하는 방안을 찾아야 한다.

❷ 바른 세계관

인간의 행동 양식은 문화를 이룬다. 그런데 그 행동 양식이 다르면 서로 거부감을 느끼고 심지어 상대방을 악하다고 여긴다. 같은 문화권에서도 젊은 사람과 나이 든 사람이 충돌하기도 하는데, 이 경우 서로 상대방의 행동 양식을 바꾸려 한다. 그런데 강제로 상대방의 행동을 바꿀 수는 있기만, 그러한 방법을 통해 지속적이거나 본질적인 변화는 일어나지 않는다. 행동 양식의 기저에는 가치 체계가 있는데, 이것이 다르면 서로 다른 행동 양식이 나타난다. 따라서 가치 체계가 바뀌지 않은 채 행동 양식만 바뀌는 것은 일시적·피상적 변화에 불과하다.

그러한 가치 체계의 밑바탕에는 세계관이 있다. 이는 비체계적·비학문적·비객관적·경험적 성격을 띤다. 인간 삶의 저변에 깔려 있어 드러나지 않으면서 가치 체계와 행동 패턴을 형성한다. 결국 인간이 제대로 된 행동 양식으로 변화하기 위해서는 주변 세계에 대한 견해와 관점인 세계관의 문제를 다루어야 한다.

세계관을 바르게 수정하고 보완하기 위해서는 각각의 개방성을 유도하는 새롭고 획기적인 교육체계가 필요하다. 이러한 교육체계는 다양한 문화 가운데 살아가는 사람들이 바른 가치와 철학으로 문화 충격과 충돌을 극복하도록 도울 것이다.

③ 전면적 인성

인간관계가 깨진 사람을 단순히 인간관계 관련 단기 교육 프로그램에 참여시킨다고 해서 이 문제가 해결되지는 않는다. 인간관계 훼손은 다양한 요인의 유기적 결합으로 나타나기 때문이다. 어떤 사람은 몸에 고통이 있어서, 어떤 사람은 지력이 약해 남의 이야기를 바르게 이해하지 못해서, 어떤 사람은 마음이 비뚤어져 무슨 말이든 부정적으로 받아들여 인간관계가 훼손된다. 이렇듯 여러 인성적 요소가 다면적이고 유기적으로 작용해 관계가 깨지도록 만든다.

따라서 인성 문제를 다룰 때는 다면적·전면적 시각을 지녀야 한다. 특히 문화적 다양성을 인정하는 글로벌 시대에는 건전한 세계시민으로서 예측 가능한 갈등 요인을 슬기롭게 극복하는 인간관계 능력이 절실히 요구된다. 이러한 능력을 함양하고 담보할 수 있는 전면적 인성 함양을 위한 교육체계를 구축해야 한다. 이를 통해 인지적 지능에 얽매인 사람이 정서 지능 등 전면적 인성을 계발하도록 해 상호 소통 능력을 길러주어야 한다.

❹ 융합적 능력

21세기 세계시민사회를 살아가기 위해서는 융합적 사고가 필수이다. 문제 자체가 융합적이기 때문이다. 개인의 탁월한 지식적 역량으로만 해결할 수 없는 문제를 매일 직면한다.

'융합'이란 개념은 1990년대부터 특정 과제를 해결하기 위해 여러 전공 분야가 협업하는 학제 간 연구에서 비롯되었다. 그 후 각 분야 전문가가 팀을 이루어 단일 학문 범위를 벗어난 주제를 통합적으로 연구하는 활동이 활발히 이루어졌다. 2010년대 접어들어 융합 연구는 보다 강한 연결 방식으로 여러 전공이 협업해 하나의 새로운 학문으로 수렴

했다. 즉, 사회가 복잡해지면서 특정 분야 지식만으로는 다양한 문제의 연쇄적 그물망에서 나타나는 사회현상을 해결하거나, 다양한 삶의 방식과 욕망 등을 충족하기 어렵다. 그러므로 기타 분야와 교류해 기존과 다른 방식으로 문제를 해결하기 위해 융합이라 개념이 탄생했다.

현재 융합의 중요성과 당위성에는 널리 공감대가 형성되었지만, 융합적 인재를 교육하고 길러내는 방법에 대해서는 명쾌한 답을 찾지 못하고 있다. 융합적 능력은 인간의 상상력을 통해 구현되어왔다. 상상력을 키우고, 융합적 능력을 기르도록 하는 것은 사고 능력이다. 언어 사용 능력은 사고에 영향을 주므로 언어 사용 능력 훈련이 곧 융합적 의식을 갖도록 하는 기본 훈련이 된다. 특히 고도의 언어인 수학적 언어의 활용 능력은 융합적 능력을 길러줄 핵심이 될 수 있다.

또 교육 현장에서 서로 다른 교과 간 관련 요소를 새로운 교과로 조직하고 융합한 교육과정과 이를 통해 융합적 의식을 가진 인간을 길러내는 통합적 교육체계가 필요하다. 이런 융합적 의식을 바탕으로 도전 과제 해결 능력, 새롭게 발생한 문제를 연구하는 능력, 네트워크 능력 등을 기를 수 있다.

⑤ 글로벌 의식

세계가 하나로 연결되는 글로벌화가 점점 더 심화되는 시대를 사는 세대는 인류 보편적 가치를 추구하며 공동체 의식과 책임감을 가진 세계 시민이 되어야 한다. 그리고 국제 감각과 폭넓은 시야, 국제 의사소통 능력, 외국인과 원만한 인간관계를 맺을 수 있는 글로벌 의식을 확보하는 것이 필수이다.

글로벌 의식을 가지면 글로벌 환경에서 문화적 배경이 다른 외국인과 함께 일하고, 조직이나 팀을 위해 자발적으로 공헌하는 능력을 발휘할 수 있다. 그러므로 이런 의식을 길러주는 교육체계를 정립해야 한다. 글로벌 의식을 바탕으로 사람들이 사회적 책임을 인식하고 사회에 공헌할 수 있도록 해야 하며, 남들과 협업하고 소통하도록 노력해야 한다.

한민족 교육 공동체와
글로벌 교육 공동체의 비전

현재까지 우리 교육에 많은 문제점이 있었지만 그것이 모두 부정적인 것은 아니다. 우리 민족은 이런 어려움을 딛고 해방 이후 한국전쟁을 거친 폐허에서 세계 10위권 경제 대국으로 발전할 정도로 큰 열매를 맺어왔다. 이를 이룩한 저변에는 우리의 교육이 큰 역할을 해온 것이 사실이다.

하지만 우리 앞에 놓인 시대적 상황은 기존 교육의 프레임만으로는 극복하기 힘들다. 이 세계에서 생존하고 역사적 사명을 감당하려면 매우 까다로운 다음 두 가지 난제를 시급하게 풀어야만 한다. 우선 일거에 한반도 전역을 초토화할 수 있는 위험을 지닌 남북한 갈등을 해결해야 하고, 두 번째로 많은 어려움이 있더라도 이를 극복하고 선진국에 진입하는 것이다. 그런데 이런 난제가 모두 글로벌한 사역을 통해서만 가능하다는 데 문제가 있다.

우리 민족은 글로벌한 프로젝트를 실행해본 경험이 별로 없다. 지난

2,000년의 역사 가운데 약 1,000회 외침을 겪었지만, 우리는 다른 나라를 침범해본 적이 10회도 안 된다. 그러니 한반도에만 갇혀 있던 우리가 글로벌한 프로젝트를 수행하는 데 어려움이 있는 것이다. 하지만 이렇게 한반도에만 갇혔던 우리 민족이 21세기를 넘어서면서 글로벌 프로젝트를 감당할 수 있는 세계사 전면에 선 나라가 되었다는 사실을 인식할 필요가 있다. 현재 180개 이상 국가로 전 세계에 가장 많이 진출한 나라가 한국이며, 해외에 나가 있는 인력의 수도 750만 명에 달한다. 그리고 이들의 분포도를 보면 놀랍게도 현재 세계의 운명을 쥐고 있는 4강, 즉 미국에 220만, 일본에 90만, 중국에 270만, 러시아 지역에 50만 명 등이 진출해 세계적 영향력을 발휘하고 있다.

그런데 이런 영향력은 우리 민족이 만들어낸 것이 아니라, 우리 민족의 고통을 통해 생긴 결과이다. 일본이 한국을 침략한 후 생존하기 위해 중국에 정착한 우리 민족이 돌아오지 못하고 조선족이 되었으며, 소련의 조치 때문에 강제로 중앙아시아에 버려진 우리 민족이 돌아오지 못하고 고려인이 되었으며, 일제 말 강제징용으로 재일 동포가 생겨났다. 또 한국전쟁 후 수백만 명의 사상자가 생겨, 이 때문에 미국과 유럽으로 나가면서 현재의 거대한 세계적 민족군이 형성되었다. 이 같은 고통이 우리 민족을 세계사 전면에 세웠으며, 이는 우리 민족이 의도한 것이 아니라 철저히 역사 가운데 우리 민족에게 주어진 선물이라는 점을 인식할 수 있는 역사적 안목이 필요하다.

그래서 우리는 한민족 교육 공동체의 꿈을 꾼다. 남북한에 찢어져 있는 7,500만 동포와 해외에 흩어진 750만 동포를 바른 미래 교육의 새 패러다임인 수용성 교육의 끈으로 함께 묶는 것이다. 그리고 이를 통해

타 민족과 힘을 공유하고 보편적 인류를 사랑할 수 있는 '글로벌 교육 공동체Global Education Community'로 확대해나가야 한다. 우리는 수용성 교육을 통해 자신의 능력을 극대화하고, 이를 통해 다른 사람을 돕는 '세계를 품은 다이아몬드칼라이 전면적인 인간'을 양성함으로써 이들을 통해 황폐화되고 무너진 교육을 재건하고, 잃어버린 인간성을 회복해 인류가 진정으로 가치 있는 삶을 살아갈 수 있도록 해야 한다.

DQ 측정을 통한 전인지수 확인

5차원 전면교육 프로그램의 5가지 전인적 접근법, 즉 지력·심력·체력·자기관리 능력·인간관계 능력의 요소들을 측정할 수 있는 검사도구를 만든다면, 이는 매우 획기적인 시도가 될 것이다.

그동안 IQ 테스트가 전 교육기관에 공인된 지력 측정도구로 이용되어왔고, 최근에는 지력으로 측정할 수 없는 요소들을 EQ를 이용해 검사하는 시도들이 활성화되고 있다. 이런 부분적인 인간 측정의 도구를 잘 분석하여 DQ(다이아몬드칼라의 전인지수)를 이용해 한 개인이 원래 부여받은 재능을 다각도로 측정해본다.

DQ 측정의 의의

DQ란 Diamond collar Quotient의 약자로 '전인지수' 또는 '전면지수'를 말한다. 이는 '5차원 전면교육' 프로그램의 5가지 전면적 접근법인 지력·심력·체력·자기관리 능력·인간관계 능력의 요소를 종합한 개념으로 매우 새로운 시도이다.

다이아몬드칼라 전인지수 검사는 자신이 가지고 있는 심력·체력·지력·자기관리 능력·인간관계 능력에 이르는 5차원적 요소 중 현재 발휘되고 있는 자기 역량의 정도를 측정하기 위한 것이다.

DQ 검사가 기존의 검사방법들과 다른 점은 첫째, 한 사람에 대해서 부분적 접근이 아닌 전체적 접근을 하고, 둘째, 등수를 매겨 서로 비교하기 위한 도구(어떤 사람은 IQ가 높아 우등하고 어떤 사람은 IQ가 낮아 열등하다는 식)가 아니라, 자신에게 주어진 재능을 얼마나 활용하고 있는지 확인하여 자신의 능력을 최대한으로 계발하는 데 도움이 되고 교육적인 지침을 얻는 데 있다.

이 검사는 사전검사, 중간검사, 사후검사로 나뉜다. 사전검사는 5차원 전면교육 프로그램을 실시하기 이전의 상태를 측정한다. 중간검사는 교육을 받고 있는 도중, 얼마나 자신의 전면적 역량이 증진되고 있는지를 확인한다. 사후검사는 계속적인 단순, 반복 훈련을 통해 다이아몬드칼라의 전면적 인간으로서 소질이 증진되는지를 살펴본다.

검사요령

본 검사지는 DHQ(심력 지수), DSQ(체력 지수), DUQ(지력 지수), DMQ(자기관리 지수), DRQ(인간관계 지수)의 다섯 가지 주제로 크게 구성되어 있다. 각 문항은 네 가지 형태로 답변할 수 있다.

3점: 나는 항상 그렇다.

2점: 종종 그렇다

1점: 가끔 그렇다

0점: 거의 그렇지 않다.

각 질문들은 현재 자신의 상태를 측정하기 위한 것이지, 결코 남과의 비교 분석을 위한 자료가 아니다. 그러므로 앞에 제시한 점수들 역시 자신 스스로 측정해보는 점수이므로 총점이 높은 것이 결코 다른 사람과의 비교우위에 있다는 것을 의미하지 않는다. 따라서 가장 솔직하게 현재의 자기 상태를 나타내야만 검사의 의의를 찾을 수 있다. 또한 솔직하게 답변하지 않고 과장된 답을 했을 경우 답변의 신뢰도를 분별할 수 있는 장치도 고려되어 있으니, 반드시 성실하게 답을 해야 한다.

그러면 DQ 검사의 결과를 두 가지만 살펴보자.

DQ 검사 결과의 예

이름		검사일시	2017. 04. 26	생년월일	2006. 01. 20
직업(학교)		성별		레벨	

사례1 DQ 평균 그래프

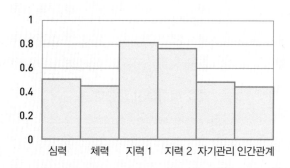

전체 평가

○○○님은 5차원의 요소 중에 지력이 매우 높습니다. 올바른 방법
으로 정보를 바르게 잘 처리하며 사물을 객관적으로 보는 힘이 있습
니다. 그럼에도 낮은 심력과 인간관계 요소들로 인해 본인이 갖고 있
는 능력을 제대로 발휘하지 못하고 있습니다. 먼저 심력과 인간관계 능
력을 향상시키는 데 집중하여 이 부분을 보완하는 것이 자신의 능력을
향상시키는 좋은 방법입니다. 또한 지력만을 계속 발전시키기보다는
체력과 자기관리 요소를 먼저 강화시킬 때, 본인이 가진 능력을 최대한
발휘할 수 있게 될 것입니다.

심력		
반응력	당신은 책임감이 강하며 외부 상황에 알맞은 반응을 보이는 편입니다. 구체적인 훈련으로 책임감과 반응력을 보완하면 좋겠습니다.
남 중심의 삶	남을 배려하고 수용하려는 생각을 가지고 있지만 조금 더 훈련이 필요하겠습니다.
생의 목표 의식 확립	자신의 삶과 목표에 대해 좀 더 깊이 생각해보면 좋겠습니다.
풍부한 정서력	당신은 풍부한 정서를 갖기 위한 노력이 조금 더 필요합니다.
행동으로 옮기는 힘	생각한 것을 계획해볼 수 있는 힘을 가지고 있습니다. 훈련을 통해 실천할 수 있는 힘을 기른다면 더욱 좋은 결과가 있을 것입니다.

0 0.2 0.4 0.6 0.8 1

체력		
효과적인 5가지 운동법	건강 유지를 위한 기본적인 운동을 상당 부분 실행하고 있습니다. 자신의 신체적 능력을 최대로 발휘할 수 있도록 꾸준히 실천하시기 바랍니다.
체력 증진을 위한 5가지 운동법	체력을 기르기 위한 운동을 실행하지 않고 있습니다. 체력 증진 훈련을 시작하면 그 효과를 얻을 수 있으리라 기대합니다.
최대출력 운동법	땀이 날 정도의 운동을 하고 있지 않습니다. 이런 상태로는 자신의 건강을 유지하기 어려울 수 있습니다. 또한 필요한 때에 힘을 제대로 발휘할 수 없게 됩니다. 좋은 방법을 찾아 계획하고 실천하기 바랍니다.
시간의 효과적 사용	시간 관리를 하고 있으나 불규칙하게 운동을 하여 그 효과가 나타나지 않고 있습니다.
자신을 바르게 지키는 힘	자신을 깨끗하게 지키려는 의지가 좀 더 필요합니다.

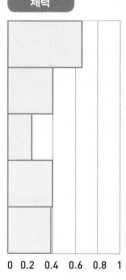

0 0.2 0.4 0.6 0.8 1

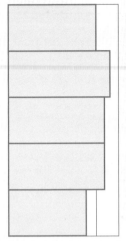

지력1	
정보처리 능력	정보처리 능력이 좋은 편입니다. 더욱 노력 바랍니다.
외국어 능력	외국어(영어)에 대해 상당한 이해와 실력을 갖추고 있습니다. 자신의 부족한 부분을 찾아 꾸준히 훈련하시기 바랍니다.
전체를 보고 부분을 보는 능력	전체를 먼저 보고 그 구조나 내용을 이해한 후 부분을 볼 수 있어 일을 잘 처리할 수 있는 힘이 있습니다.
추상적 개념을 구상화하는 능력	추상적인 개념을 계획, 행동으로 구체화할 수 있는 힘을 가지고 있습니다. 그 능력을 더욱 향상시키기 바랍니다.
자연 세계에 대한 심도 깊은 이해	자연 세계를 깊이 이해할 수 있는 사람을 지혜가 있는 사람입니다. 당신은 자연 세계에 대한 보다 많은 이해가 필요합니다. 더 많은 관심과 노력을 바랍니다.

0 0.2 0.4 0.6 0.8 1

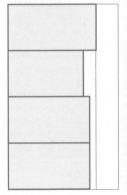

지력2	
약점 위주의 보완	자신의 약점을 잘 파악하고 이해하고 있습니다. 이제는 그것을 해결하는 힘을 기르는 것이 좋겠습니다.
주관화 · 객관화	자신에게 주어진 정보를 신속하고 정확하게 처리할 수 있는 능력은 학문에 중요한 부분입니다. 당신은 이러한 좋은 자질을 가지고 있습니다. 계속 보완하면 좋겠습니다.
종합적 학습 능력	모든 학문은 유기체적 연관성이 있습니다. 이를 잘 활용하는 사람이 실력자입니다. 당신은 이런 좋은 자질을 가지고 있으므로 계속 보완하면 더욱 좋은 성과를 낼 수 있을 것입니다.
전문적 경영 능력	정보화사회에서는 시대의 흐름을 파악할 수 있는 국제적 안목과 인터넷을 기반으로 한 전문성을 요구합니다. 당신은 이런 전문성을 가질 수 있는 요건을 갖추고 있습니다. 앞으로도 계속 노력하면 좋습니다.

0 0.2 0.4 0.6 0.8 1

자기관리

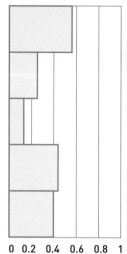

고공으로 시간 보기	자신의 상황을 전체적으로 볼 수 있는 능력을 좀 더 향상시켜야 합니다. 균형 잡힌 계획을 세우고 훈련하면 좋은 결과가 있으리라 기대합니다.
우선순위 · 시급함	어떤 일이든 우선순위를 분별할 수 있는 능력이 중요합니다. 우선순위를 분별하고 실천하는 훈련을 강화하면 도움이 될 것입니다.
단위별 시간표	자신에게 필요한 계획을 짜고 있다고 보입니다. 시간을 단위별(일, 주간, 월간, 연간, 일생 고공표)로 계획하는 훈련을 보완하면 더욱 좋겠습니다.
자신의 적성 계발	자신의 능력을 최대로 발휘해야 한다는 생각은 가지고 있으나 실행에 어려움이 있습니다. 실행을 위한 구체적인 방법을 찾아 계속 힘쓰면 좋은 결과가 있으리라 기대합니다.
개혁할 수 있는 힘	개방성이 있다는 것은 겸손하다는 것이고 겸손한 사람은 개혁할 수 있는 힘을 가진 것입니다. 당신의 성품이 더 겸손할 수 있도록 자기관리 훈련이 필요합니다.

인간관계

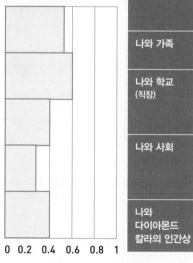

나와 나	자신에 대한 자존감을 좀 더 기를 필요가 있습니다. 스스로를 귀하게 여기며 자신의 삶의 소중함을 발견하기를 바랍니다.
나와 가족	가족과의 관계를 더욱 긴밀하게 하여 사랑과 신뢰관계를 다져나가기를 바랍니다.
나와 학교 (직장)	이웃이나 동료 간의 관계를 잘 유지할 수 있는 자질은 있으나 실제 관계에서는 그 장점이 잘 드러나지 않고 있습니다. 훈련을 통해 개선할 필요가 있습니다.
나와 사회	사회의 구성원으로서 윤리적 · 도덕적 가치관이 부족하지만 인간관계 훈련을 통해 충분히 보완할 수 있습니다. 긍정적인 생각으로 노력하면 좋은 결과가 있을 것입니다.
나와 다이아몬드 칼라의 인간상	자신의 재능을 발휘할 수 있는 기본 자질이 있습니다. 전인적인 능력을 갖춘 실력 있는 사람이 될 수 있도록 더욱 노력 바랍니다.

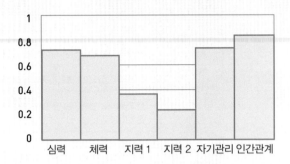

전체 평가

　○○○님은 5차원의 요소 중에 인간관계 능력이 높습니다. 자기관리, 심력, 체력도 아주 좋습니다. 그런데 지력이 낮아 전체적인 자신의 실력을 발휘하지 못하고 있습니다. 먼저 집중적으로 지력을 강화한 후에 다른 요소를 전면적으로 향상한다면 능력을 최대한 발휘할 수 있을 것입니다.

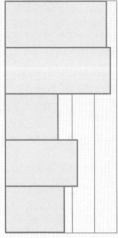

심력		
반응력	당신은 책임감이 강하며 외부 상황에 알맞은 반응을 보이는 편입니다.	
남 중심의 삶	남을 배려하고 수용하는 좋은 마음을 가지고 있습니다.	
생의 목표 의식 확립	자신의 삶과 목표에 대해 좀 더 깊이 생각해보면 좋겠습니다.	
풍부한 정서력	당신은 풍부한 정서를 가지고 있습니다.	
행동으로 옮기는 힘	생각한 것을 계획해볼 수 있는 힘이 있습니다. 훈련을 통해 실천할 수 있는 힘을 기른다면 더욱 좋은 결과가 있을 것입니다.	

0 0.2 0.4 0.6 0.8 1

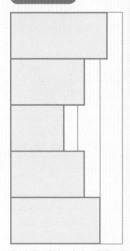

체력		
효과적인 5가지 운동법	건강 유지를 위한 기본적인 운동을 상당 부분 실행하고 있습니다. 자신의 신체적 능력을 최대로 발휘할 수 있도록 꾸준히 실천하시기 바랍니다.	
체력 증진을 위한 5가지 운동법	체력을 기르기 위한 운동을 상당 부분 실행하고 있습니다. 더욱 좋은 결과가 있도록 최선을 다하세요.	
최대출력 운동법	가끔 땀이 날 정도의 운동을 하고 있지만 조금 더 규칙적으로 운동하면 최대출력을 충분히 발휘하리라 기대합니다.	
시간의 효과적사용	시간 관리를 통해 효과적으로 운동을 하고 있습니다.	
자신을 바르게 지키는 힘	자신을 곧게 지키려는 의지가 있습니다.	

0 0.2 0.4 0.6 0.8 1

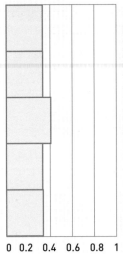 지력1	정보처리 능력	정보처리 능력이 있습니다. 좀 더 훈련이 필요합니다.
	외국어 능력	외국어(영어)에 대한 보편적인 이해와 실력을 갖추고 있습니다. 자신의 부족한 부분을 찾아 꾸준히 계획적으로 훈련하기 바랍니다.
	전체를 보고 부분을 보는 능력	전체를 먼저 보고 그 구조나 내용을 이해한 후 부분을 볼 수 있어 일을 처리할 수 있는 힘을 어느 정도 갖추고 있습니다. 더욱 노력한다면 좋은 결과가 있을 것입니다.
	추상적 개념을 구상화하는 능력	추상적인 개념을 계획, 행동으로 구체화할 수 있는 지식은 있으나 실천하는 데는 어려움이 있어 보입니다. 이에 대한 더 많은 노력과 훈련 바랍니다.
0 0.2 0.4 0.6 0.8 1	자연 세계에 대한 심도 깊은 이해	자연 세계를 깊이 이해할 수 있는 사람을 지혜가 있습니다. 자연 세계에 대한 이해를 위해 더 많은 관심과 노력 바랍니다.

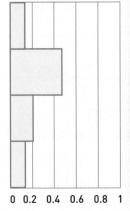 지력2	약점 위주의 보완	자신의 약점을 잘 모르는 것 같습니다. 먼저 자신의 약점을 파악하여 이를 해결함으로써 실력을 쌓아야 합니다.
	주관화 · 객관화	자신에게 주어진 정보를 신속하고 정확하게 처리할 수 있는 능력은 학문에 중요한 부분입니다. 당신은 이러한 좋은 자질을 가지고 있습니다. 계속 보완하면 좋겠습니다.
	종합적 학습 능력	모든 학문은 유기체적 연관성이 있습니다. 이를 잘 활용하는 사람이 실력자입니다. 이러한 능력을 높일 방법을 찾아 훈련하기 바랍니다. 좋은 결과를 얻을 것입니다.
0 0.2 0.4 0.6 0.8 1	전문적 경영 능력	정보화 사회에서는 시대의 흐름을 파악할 수 있는 국제적 안목과 인터넷을 기반으로 한 전문성을 요구합니다. 전문적 경영 능력은 매우 중요합니다. 구체적인 계획과 훈련으로 그 힘을 기르십시오.

자기관리		

0 0.2 0.4 0.6 0.8 1

고공으로 시간 보기	자신의 상황을 전체적인 안목으로 볼 수 있는 능력이 있습니다. 그 힘으로 균형 잡힌 계획을 세워 실천한다면 더 큰 성과를 거둘 수 있으리라 기대합니다.
우선순위 · 시급함	어떤 일이든 우선순위를 잘 분별할 수 있어 보입니다. 그 분별력으로 중요한 일과 급한 일을 처리하는 훈련을 하면 좋을 듯합니다.
단위별 시간표	자신에게 필요한 계획을 짜고 있습니다. 시간을 단위별(일, 주간, 월간, 연간, 일생 고공표)로 계획하는 훈련을 하면 좋겠습니다.
자신의 적성 계발	자신의 능력을 최대로 발휘해야 한다는 적극적이고 바른 생각을 가지고 있습니다. 이를 실행에 옮길 수 있도록 구체적인 방법을 찾아 계속 힘쓰기 바랍니다.
개혁할 수 있는 힘	개방성이 있다는 것은 겸손하다는 것이고 겸손한 사람은 개혁할 수 있는 힘을 가진 것입니다. 당신에게는 이런 힘이 있습니다. 이제 더욱 겸손함을 갖출 수 있도록 자신을 관리하는 지속적인 노력이 필요합니다.

인간관계		

0 0.2 0.4 0.6 0.8 1

나와 나	자신에 대한 자존감을 가지고 있는 것으로 보입니다. 자신의 삶의 소중함을 더 많이 발견하기를 바랍니다.
나와 가족	가족과의 관계가 좋은 편입니다. 사랑과 신뢰를 더욱 다져나가기를 바랍니다.
나와 학교 (직장)	이웃이나 동료 간의 관계를 잘 유지할 수 있는 좋은 자질을 가지고 있습니다.
나와 사회	사회의 구성원으로서 윤리적 · 도덕적 가치관을 올바르게 지녔으며 신뢰도 받고 있다고 보입니다. 어렵게 얻은 신뢰를 잃지 않도록 더욱 겸손하고 성실한 자세로 임하기 바랍니다.
나와 다이아몬드 칼라의 인간상	자신의 재능을 발휘할 수 있는 자질이 있습니다. 더 계획적 · 구체적으로 훈련한다면 전인적 능력을 갖춘 실력자가 될 것입니다.

DQ 유형별 분석 및 훈련 지침

앞의 두 가지 경우를 해석하면서 DQ 검사결과를 분석해보자. 먼저 사례 1은 5가지 전면적 요소 중 지력이 뛰어난 경우이다. 이런 학생들은 현재의 성적은 뛰어날 수 있지만 심력, 체력, 인간관계 능력 등의 요소에서 약점을 많이 보임으로써, 훗날 어떤 어려움이 닥쳤을 때 크게 좌절할 가능성이 있다.

사례 2의 경우는 반대로 심력, 체력, 인간관계 능력은 뛰어나지만 지력이 취약한 상태이다. 이 학생은 현재의 성적은 안 좋아도 장래가 밝다. 효율적인 지적 훈련의 원리를 잘 습득할 수 있도록 도와주면 비약적으로 성장할 가능성을 많은 경우이다.

이와 같이 DQ 검사를 통해 우리는 개인이 갖고 있는 전면적 능력을 측정함으로써 어떤 부분에 집중적으로 훈련을 받아야 삶의 효율을 극대화할 수 있는지를 파악할 수 있다.

이 책의 방법대로
더 공부하기 원하는 사람들을 위하여

새로운 공부 방법을 선택해서 다시 공부를 시작한다는 것은 결코 쉬운 일이 아니다. 이런 경우 함께하는 사람들이 있으면 큰 도움이 된다. 5차원전면교육협회 홈페이지 들어오면 이런 방식으로 공부하는 사람들이 서로의 정보를 교환하고 함께할 수 있다(www.5eduforum.org). 그곳에서 필요한 학습을 연습할 수 있는 워크북 교재도 구입할 수 있고, 동영상을 통해 어떻게 워크북을 공부하는지 방법도 배울 수 있다. 또한 지금까지 이 교육을 해왔던 사람들과의 정보교류를 통해 계속할 수 있는 힘도 얻게 될 것이다.

훈련 도서

① 자기경영: 지력·심력·체력·자기관리 능력·인간관계 능력을 기반으로 전면적 인성을 기르기 위한 워크북(중등, 고등용).

② 창조적 지성: 학문의 9단계를 기반으로 창조적 지성을 기르기 위한 워크북(초등, 중등용).

③ 언어 수용성(영어): 사고 구조와 발성 구조를 변환하여 글로벌 의식을 기르기 위한 워크북(초등, 중등용).

④ 융합수리: 수학적 언어의 1대원리 5소원칙 훈련을 통해 융합적 능력을 기르기 위한 워크북(초등, 중등용).

5차원
전면교육